Beyond
Disruption
超越颠覆

金融数字化转型战略和管理

李曦寰◎著

中国金融出版社

责任编辑：王雪珂
责任校对：张志文
责任印制：张也男

图书在版编目（CIP）数据

超越颠覆：金融数字化转型战略和管理/李曦寰著. —北京：中国金融出版社，2020.12
ISBN 978 - 7 - 5220 - 0912 - 4

Ⅰ.①超…　Ⅱ.①李…　Ⅲ.①数字技术—应用—金融事业—研究—中国　Ⅳ.①F832 - 39

中国版本图书馆 CIP 数据核字（2020）第 230685 号

超越颠覆——金融数字化转型战略和管理
CHAOYUE DIANFU：JINRONG SHUZIHUA ZHUANXING ZHANLUE HE GUANLI

出版
发行　中国金融出版社

社址　北京市丰台区益泽路 2 号
市场开发部　（010）66024766，63805472，63439533（传真）
网 上 书 店　http://www.chinafph.com
　　　　　　（010）66024766，63372837（传真）
读者服务部　（010）66070833，62568380
邮编　100071
经销　新华书店
印刷　保利达印务有限公司
尺寸　169 毫米×239 毫米
印张　12.5
字数　158 千
版次　2020 年 12 月第 1 版
印次　2020 年 12 月第 1 次印刷
定价　56.00 元
ISBN 978 - 7 - 5220 - 0912 - 4
如出现印装错误本社负责调换　联系电话（010）63263947

战略谋划，科学管理

——积极推进金融数字化转型

随着 5G、区块链、人工智能、大数据、物联网等技术快速兴起，数字经济已成为全球经济发展的重要引擎。据统计，2019 年我国数字经济增加值规模达到 35.8 万亿元，占 GDP 比重达到 36.2%，数字经济在国民经济中的地位进一步凸显。2020 年《政府工作报告》提出要继续出台支持政策，打造数字经济新优势；首次写入的建设数据中心等新型基础设施也是意在推动产业升级和数字化转型，激发我国数字经济发展新动能。近年来，中国人民银行在金融科技发展规划、行业监管、应用指导等方面多措并举，为金融科技发展营造良好的政策环境。数字化转型的浪潮纷至沓来。

金融数字化转型不同于传统科技更新，其本质依然是金融。转型不仅是技术转变，更重要的是推动金融业务和数字技术深度融合，带动金融服务架构优化升级。通过探索金融科技应用场景，重塑传统金融商业模式，助推产业链、价值链、供应链的延伸与拓展，更好满足日益增长的多层次、多样化金融服务需求，增强金融服务实体经济能力、促进普惠金融发展、防范化解金融风险。今年以来，新冠肺炎疫情的出现，加速了金融业数字化转型步伐，让各类生产要素重新配置，让金融机构专业分工更加精细，让无接触式金融服务更加智能。金融机构在努力培养科技力量增强自身核心竞争力的同时，需要根据不断变化的行业环境和客户需求进行业务流程、金融产品和商业模式的创新和改革，这是一场涉及传统金融企业战略制定、管理机制、项目执行、企业文化和人员能力提高的自我更新过程。

很高兴看到中国金融出版社推出《超越颠覆－金融数字化转型战略和管理》。本书作者着重理论联系实践，结合其20多年金融行业工作经验，完善发展了数字化转型相关理论基础、管理方法，详细介绍了一些国内外金融行业数字化转型成功、面临挑战甚至失败的案例，具有很高的实用价值。

希望广大金融从业人员以普惠金融理念为主导，在战略上高度重视科学的谋划，结合自身发展实际，做好转型的顶层设计，自上而下塑造数字化思维，加快在运营模式，产品服务和风险管控等方面的改革步伐，打造长期持久竞争力，助力数字经济高质量发展。

中国人民银行科技司司长　李伟
2020 年 8 月 28 日

目　　录

前　　言

"你的竞争对手不愿意来"

2001 年秋。

我的航班平稳降落在明尼阿波利斯—圣保罗机场，走出航站楼的一刹那我深吸了一口气，明州的秋天已经很冷了，来自北方寒冷干爽的空气似乎提醒着我这次出差的艰难任务。距离"9·11"袭击事件只过去了 4 个星期，虽然大部分美国机场都已经恢复运营，大部分纽约金融区的企业仍然在废墟中，大部分商业活动还在缓慢恢复中。我是一家名不见经传的小公司 CommScan 的员工，在华尔街投行圈子以外基本不为人知，这家公司的主业是给投资银行提供 IPO 的定价软件。20 年以后，这样的商业模型也许会被迅速归类于"金融科技"，但当时它只是华尔街上一家不起眼的初创小公司。

这次明州之行是我主动要求的，一方面明州这个客户我跟了很久，另一方面通过演示产品的实用定制功能和系统整合能力来说服客户一向是我擅长的拿手好戏，因此虽然交通受阻我还是希望能够去明州签下这个客户。

从机场到明尼阿波利斯市中心转眼就到，我迅速找到会议室，启动手提电脑并且拿出事先准备好的光碟加载定制好的相关数据，一切准备就绪。我的客户是当地最大投资银行负责资本市场科技和数据业务的高级副总裁（Senior Vice President），一位非裔中年女士，以强势的决策能力和敏锐的市场洞察力在客户圈里小有名气。

"能直接用去年的 IPO 市场数据做演示吗？"我完全不觉得惊讶，她一向是这么直截了当。

"当然，事实上，我把过去几年的历史数据都带来了"，我得意地指向手提电脑，心中暗暗祈祷那张光碟能够加载正常……

仅仅过了 10 分钟，"这些可以了，我很高兴你准备了历史数据"，高级副总裁的口气仍然冷若冰霜，"我没有其他问题了，让你的人准备合同吧，这里的牛排很有名，今天晚上也许你应该去奖励自己一块牛排，明天回纽约一路顺风。纽约城一团糟，但我们一定会恢复重建的。"

我简直不敢相信自己的耳朵，跟着她走出会议室的同时，悄悄问到，"太棒了，感谢您这么迅速的决策，一般都要好几周呢，能问问为什么吗，我以后可以不断提升业务水平……"

"当然可以，很简单，在这样的恶劣形势下，你认认真真来明州做演示，但是你的竞争对手不愿意来……"

我只记得当天晚上的牛排的确很棒，但我似乎花了更多时间消化高级副总裁这句话。交通已经恢复，竞争对手不愿意来不是因为交通受阻，更可能是因为战略考量或者缺乏准备时间，不管怎样，金融企业的每一个订单都的的确确地体现了竞争能力。

"一定需要盈利才能体现价值吗？"

2004 年夏。

我作为科技供应商代表来到瑞士信贷位于麦迪逊大街的纽约总部参与一个古怪的 IPO 上市案，古怪因为这家企业的创始人名不见经传却一定要求用"荷兰式拍卖"的方法配股。就是说，投资人提交自己的投资意向和价位竞标股票，价高者得，直至所有股票分配完成。华尔街投行很讨厌这种过于透明的上市模式，所以这样 IPO 上市案很罕见，因此瑞士信贷特地组成了一个项目小组确保万无一失。项目经理是一位高级副总裁直接向瑞士信贷最高管理层报告，一个对资本市场运作规范和监管流程极其了解，说话语速极快，要求也高但待人接物热情开朗的意大利人。我就一直疑惑，资本市场的项目经理是否都必须这么厉害才能胜任。

"Larry，我知道大家都签署了保密协议，但是等两周以后保密协议失效你会不会考虑买这只股票？"高级副总裁一面看着屏幕上的定价，一面问到。市场需求也算不错，但 IPO 定价 85 美元一股还是在区间的低端。

"我不知道，说实话，也许不会，这样的免费搜索引擎既不盈利，同时又面对微软，雅虎这样的巨头竞争……"我略显犹豫地回答，因为我不认为免费是一种可持续的商业模式。

"也许你没有错，不过是否一定需要盈利才能体现价值？"高级副总裁微笑着继续我们的对话，我至今还能回想起他当时热情洋溢充满期待的面部表情和金丝边眼镜后面闪烁的睿智目光。

这家企业的名字叫谷歌，交易代码"GOOG"，15 年以后股价在 1400 美元一股，早已经是全球最大的搜索引擎，虽然搜索服务至今也许永远都是免费。

"什么？你连微信红包都不知道？"

2014 年春。

《闪电小子》是华尔街最流行的畅销书，融纪实性和趣味性于一体，刘易斯的这本书描述了一个你赢我输的交易市场架构。基于大量高频交易的存在，散户将永远处于劣势，任人宰割。当华尔街的交易员津津有味阅读描述自己职业的畅销书的同时，另一场闪电战在中国金融科技市场迅速打响。

2014 年春节，腾讯公司推出的"微信红包"迅速成为所有中国用户的热门选择，众多用户不假思索地绑定银行账户用来发微信红包，腾讯也因此成功地从市场占有率领先的支付宝抢占了大量市场份额。这一次腾讯的偷袭，被马云称为支付宝的"珍珠港"时刻。

"什么？你连微信红包都不知道？你太落伍了"亲戚朋友的孩子都觉得春节我不给她们发微信红包显得非常过时甚至愚笨。

"那没什么特别的，我降落以后给你真的红包"我觉得微信只是一款聊天社交工具，直到很多年以后我才明白这样的平台被称为超级App。

"但是我现在就想要，别人都收到了"孩子们不假思索的回答几乎立刻印证了时效性对金融产品有多重要。

2014年9月18日，阿里巴巴敲响了纽约证券交易所的上市钟，阿里巴巴上市融资总量超过200亿美元，至今保持着美国最大IPO的纪录。但是支付宝甚至都不是上市公司的一部分，市场传言这是因为马云和阿里巴巴看到了一个数字化经济的未来。

2020年7月20日，作为全球最大的独角兽企业，支付宝的母公司蚂蚁集团宣布将在香港交易所和上海交易所科创板同时上市，计划融资100亿美元，公司的估值高达2000亿美元！

"纽交所228年历史上首次在关闭大厅情况下还维持市场交易……"

纽约证券交易所成立于1792年5月16日。

在过去的228年历史上，纽交所一向对交易大厅引以为豪，大厅里的交易员也是华尔街的"面孔"每天不断随着财经频道出现在各类媒体中。然而，随着一场突如其来的新冠肺炎疫情在纽约市和全美迅速暴发，纽交所管理层在2020年3月18日宣布将暂时关闭交易大厅转为全电子交易，纽交所228年历史上首次在关闭交易大厅情况下还维持正常市场交易。

曾经作为纽交所核心交易系统Pillar的项目主管，我参与了交易系统的设计和改造，即使在平时交易所也会对交易系统进行常规测试，检验其在无人工参与下全电子化的系统表现和容量。虽然人工交易带来的交易量已经微不足道，但这样的无人交易场景还是第一次真正出现。

"我们坚信投资人，企业和人工交易员的互动对股票市场的质量而言毋庸置疑。"纽交所的首席运营官在 3 月 20 日谈到，"作为市场运营机构，我们也同时基于实用原则，时刻为各种情况做好准备，包括任何一天的任何潜在灾难……所以我们在周末有例行测试，和其他交易所还有联合例行测试"。显然新冠肺炎疫情对于股票市场就是一场自然灾难，不过随着大量科技应用和积极有效的例行测试，事实上纽交所或者整个美国金融市场几乎没有受到新冠肺炎疫情的影响，主要股市指数在完全电子化交易的几周内甚至还迅速反弹。

对于纽交所交易大厅里面的小型券商来说，交易大厅席位的荣耀和机会可能已经永远一去不复返了，新冠肺炎疫情也许只是加速了这个过程，甚至是整个金融行业的数字化转型过程。我几乎可以感觉到明州那寒冷干爽的空气——我们是否准备好了在数字化时代生存和竞争？

第一章

金融数字化转型

金融企业管理层最难的时代

　　全球金融行业经历了一场渐进式的数字化转型革命。金融产品不再神秘，普通用户对金融服务的数字化要求不断升高，机构客户对金融产品设计和系统整合的管理不断深入，金融企业不断提升自身的科技创新能力在希望提高运营效率的同时，更着重于面对来自各种不同方向的竞争和挑战。金融科技型的初创企业和科技行业巨头都纷纷进军金融行业，挑战现有传统银行的市场地位；华尔街投行和传统金融机构看到数字化转型的时代趋势但绝不能接受被金融科技初创企业边缘化的发展方向，因此也大规模增加投入，在这一场金融数字化转型的浪潮中主动出击，甚至有时候不惜用数字化产品取代自身现有服务。也许这是金融和科技管理人员最好的时代，但如果管理不善，数字化转型沦落为自我营销的口号，企业不得不在耗费大量资源以后审视新的市场定位，主导数字化转型的管理人员将不得不尴尬离场，也许这是金融和科技管理人员最难的时代。

　　无论是中国的新兴科技公司还是世界级的达沃斯论坛，金融数字化转型的话题不断出现在企业内部战略会议上和全球金融业发展方向的高峰论坛中；产品经理和行业领袖都会基于自身的理解对金融数字化转型提出自己的看法并且制定与之相应的策略。但是到底什么是数字化转型？如何为金融企业的数字化转型制定战略并且高效执行实施？

"数字化转型来源于云计算，大数据，物联网和人工智能在商业领域的互相交汇，所以对企业的生存发展至关重要。"[1] 美国著名科技企业西博的创始人汤马斯西博给出了一个技术含量很高的概念。本书的读者应该都已经具有多年的行业实践和相当的专业知识，因此我们希望从战略和管理的角度来观察讨论金融数字化转型，因为数字化浪潮带来的不仅是任何最新科技，更重要的是全新的思维和工作方式，这样全新的思维和工作方式会推动我们制定与之相关的企业战略，设计适合的转型项目，寻找并衡量最关键的运营参数从而让我们能够驾驭金融数字化的趋势。金融数字化的趋势是一个不可逆的过程，传统大型金融企业如果不愿有效吸收这样全新的思维和工作方式改造提升自身的数字化转型能力，随着金融数字化转型的不断深入，这样抱残守缺的企业即使规模再大也会面临像希尔斯百货、柯达照相、黑莓手机这些美国行业巨头的窘境——殚精竭虑的管理层被飞速发展的数字化转型所抛弃，曾经的行业领袖不得不接受日益边缘化的结局，甚至传统意义上的行业板块也被迅速重新洗牌，占据主导地位的正是当年那些位于行业边缘的初创企业，最好的时代还是最难的时代取决于管理人员对发展趋势的判断和与之相应的变革。

数字化的消费者

首先，我们提出一个简单问题，今天金融行业的消费者是否和过去不同？答案也许是肯定的，因为现在这个时代的消费者大多从出生就习惯于各种科技环境，从手机游戏到搜索引擎，对于今天的消费者来说，数字化本来就是生活的一部分。互联网诞生于 20 世纪 90 年代初，婴儿潮一代的消费者接触的网络时代是被动的，大多数运行在网景浏览器（那是什么？）

---

[1] Digital Transformation by Thomas M. Siebel P. 11.

上的门户网站如雅虎（那是什么？）只是在用户操作下作出回应。进入千禧年以后谷歌的横空出世改变了这样的互联网格局，一个更具有协同性的网络时代出现了，苹果公司推出 iPhone 手机和苹果商店 App 应用彻底改变了我们的生活，一个数字化的生态系统出现了。今天的消费者不断接收来自手机应用和社交软件的信息推送，消费者也早已经习惯管理指数级增长的信息量，而且其中绝大多数都是免费的。更加复杂的消费者对于付费信息也习以为常，只要这些信息的价值得到体现，消费者很愿意自己动手操作，收集信息，分析内容，作出决定。这样主动参与的期望很快也在金融服务中体现出来，从简单的手机银行 App 应用到复杂的股票交易和财富管理，消费者对服务提供方金融机构的第一印象已经不是来自分行网点，而是来自手机应用和信息效率。每个人都希望能够在最短时间内获得需要的信息作出自己的选择。

大型金融企业科技项目投资巨大，见效缓慢

为了提高客户体验和自身运营水平，银行和金融机构在科技上投资巨大。根据德勤咨询公司的报告，美国所有银行在 2018 年科技项目上的投资总额接近 100 亿美元但客户满意度只是略有改善。其中一个重要原因是虽然在线银行业务已经有 15 年的历史，但大多数银行依然停留在客户服务层面上，通过网络和手机平台为客户提供和分支行一模一样的服务；然而金融消费者获取信息的渠道和能力不断增强，今天的消费者远远不满足于简单的电子账单或者账户概览，他们希望能够通过自己主动学习了解金融产品和服务的运行规律从而获得自己认为最可靠的信息。无处不在的手机和各式社交应用在无形中简化了获取专业信息的过程，大量金融数据的推送和几乎无处不在的社交应用同时帮助强化了普通金融消费者消化复杂专业信息的能力，社交平台又能够让消费者很方便地验证自己的分析结果。金融行业的消费者迅速转型成为主动的数字化消费者。

金融机构客户比大众消费者更加看重数据的生成和分析，降低成本是一个重要原因。早在一个世纪之前，著名诺贝尔经济学奖获得者罗纳德科斯就给出了商业边界和成本的关系，大型金融机构即使在数字化经济时代，依然遵循着这一经典商业法则。在1937年，罗纳德科斯在《公司的本质》一书中指出了交易成本概念从而解释企业规模：企业通过市场取得商品或劳务的费用在事实上高于该商品的价值。这意味着企业将能够通过内部安排，以生产自身所需而形成某些方式从而能够避开这些交易费用。一家企业的大小是在上述成本之间彼此竞争下，寻找最佳平衡的结果。① 数字化时代的到来不但印证了科斯商业法则，而且进一步解释了为什么金融科技初创企业愿意而且能够和传统银行合作，将自身的商业模型建设在传统银行的业务之上；同时传统金融机构又急切需要通过数字化转型降低自身运营成本从而保持市场竞争力，甚至不惜同意一边向金融初创企业收费一边建设自身的数字化产品和服务的策略。

金融行业的数字化转型趋势的确很大程度上来自金融科技公司的推动，这些新型企业和传统银行完全不同。2016年3月，全球金融治理的牵头机构——金融稳定理事会发布了《金融科技的描述与分析框架报告》，第一次在国际组织层面对金融科技作出了初步定义，即金融科技是指通过技术手段推动金融创新，形成对金融市场、机构及金融服务产生重大影响的业务模式、技术应用以及流程和产品。因此，大众消费者和金融机构客户都直接或者间接和这些新型金融科技公司打交道，对于这些新的技术应用和业务模式不但了解而且期待传统金融机构提供类似的服务。

传统金融企业在过去十年中投资了数百亿美元在各类科技项目中。这些项目一般包括三大类，主要目的是给核心业务提供技术支持。第一类是大型资本密集型项目，主要是建设和扩张现有的技术基础建设，例如新的

---

① https://zh.wikipedia.org/zh-cn/%E4%BC%81%E6%A5%AD%E7%9A%84%E6%9C%AC%E8%B3%AA.

数据中心或者更快的企业网络。大型技术基建项目几乎是所有金融机构大力投资的重点，虽然耗资巨大但都能够成功完成作为重要 IT 底层资产为企业每天的运营服务。董事会或投资人也很少过多地过问这些项目，直到云计算成为业界主流选择。第二类是商业信息系统项目。典型的商业信息系统包括无处不在的甲骨文 ERP 系统或者微软办公系统。第三类是商业流程处理系统，例如客户信息系统 CRM 等。这些系统能够很好地复制现有的商业流程，将金融机构的员工从重复性强的人工流程中解放出来，具体来说，就是基于现有流程，设计和技术规范开发出应用系统的过程。这三类科技投资虽然对企业运营重要，但从严格意义上来说都不是数字化转型的表现形式，因为这些项目并没有太多商业模式转型的元素，依然只是对传统商业流程的复制，并没有对商业活动和金融业务本身进行重塑，缺乏数字化时代需要的指数级飞跃的竞争能力。

到底什么是金融企业的数字化转型

数字化也许不难理解，将物理的事物用计算机语言描述出来就是数字化，这里的数字化指以新型数字技术提高企业的流程、互动从而创造新型商业模式的过程。[①] 在金融领域，我们有必要再给这个定义增加一个重要指标——连通。本书中提到的数字化技术例如人工智能、大数据、云计算和区块链等在金融行业的具体应用中都有一个共同特点——都能够运用数字化的通信技术连通不同流程，不同员工，甚至不同企业。数字化转型可能是基于一项或者多项新技术，但技术并不是关键，连通才是。

数字化转型可以定义为通过使用新兴科技（如移动通信网络或者社交网络）重新想象商业模型从而追求增加商业关键价值的过程。首先，数字

---

① https：//www. gartner. com/en/information－technology/glossary/digital－2.

化转型的目标很明确，就是提升企业效益和实力，创造商业价值。其次，数字化转型是以新兴科技为基础。企业可能一直在进行革新或者转型，但如果要实现数字化转型，如移动通信和社交网络等新兴技术在转型过程中应该发挥重要作用。最后，数字化转型需要改变商业模型和企业架构以适应数字化经济的需要，这些改变可能会包括操作流程，人员配备和战略转型。

自我颠覆，两线作战，三难困境

数字化转型既然是商业模式的进化，就带有相当的颠覆意义。对于现有大型金融企业的管理层来说，这样的颠覆意义未必来自人工智能或者大数据这些新型技术的应用，甚至也不是基于现代通信技术的连通，更多是来自自我颠覆却两线作战的"三难困境"。

一方面，管理层需要确保现有客户和商业模式的运行和效益；另一方面，管理层必须制定数字化转型战略并且加速实行；与此同时，新兴的金融科技企业不断以新型业务模式蚕食市场份额而大型科技公司对金融业务市场早就虎视眈眈。哈佛商学院的教授克莱顿克里斯坦森在其著作《创新者的窘境》中对管理层在这样多重困境下的心态有过精妙的论述："不创新，必然灭亡，然而事实并不如此简单，创新是很微妙的。很多大公司都发现，真正的创新不仅极具挑战性，而且充满艰辛。创新完全不同于改良，但是，很多公司对原有的系统结构已有大笔的投入，极难彻底割舍，于是他们一边口口声声要创新，一边却极力回避对原有稳定性的任何威胁，这种心态使很多公司对创新可能带来的机会和利润都视而不见。"在金融行业，管理层的挑战和心态更加复杂，很难想象过去几十年来众多银行，监管机构，买方机构和卖方机构等共同建设起来的如此复杂的金融生态体系会真正面临挑战，颠覆性的挑战。

更大不再是更好

现实很骨感。

根据麦肯锡的研究，大企业的盛衰周期正在急剧缩短。在20世纪70年代，作为美国企业强盛指标，企业以纳入标准普尔500强指数为荣，而当时的美国企业平均连续纳入该指数的时间是35年；今天，这个周期已经缩短为20年！在过去的五年中，标准普尔全球1200强企业中，在最近30年成立的新兴企业给股东带来的回报是其他老牌企业回报的四倍！[①] 新兴企业发展迅速能够将老牌企业更快挤出标准普尔指数，更大不再是更好！

这样的颠覆力量使数字化转型成为金融企业管理层经常讨论的课题。可惜和一般科技更新不同，数字化转型牵涉每一家企业的核心业务模块和企业架构，既然没有两家一样的企业，也不会有现成的数字化转型模板。更严峻的现实情况是，很多时候数字化转型初期会在一定程度上挤压甚至消灭现有商业价值，管理层会因此面临更大的压力。金融企业的管理层向董事会或者全体员工解释数字化转型的开场白可以是这样的：简单来说，数字化转型的核心理念是让我们的企业能够差异化竞争并且成功胜出。

经典商业理论将企业战略的本质解释为创造价值。企业的竞争优势应该要么在于"成本低"，要么在于"质量好"，这样的差异化竞争战略能够让企业利润最大化从而创造商业价值。在数字化时代，这样经典的商业理论也并未过时。金融科技企业制定的战略也是基于同样的竞争理论，因此金融行业的传统企业有必要从源头理解如何通过数字化转型达到提高自身竞争力的目的，也没有任何理由认为传统企业不能向这些新兴的金融科技

---

① https：//www.mckinsey.com/~/media/McKinsey/Industries/Electric% 20Power% 20and% 20Natural% 20Gas/Our% 20Insights/Traditional% 20company% 20new% 20businesses% 20The% 20pairing% 20that% 20can% 20ensure% 20an% 20incumbents% 20survival/Traditional－company－new－businesses－VF. ashx.

企业学习并且推出适合自身的金融数字化转型战略。

压缩利润，但这不是坏事

但是如果金融行业的传统企业管理层张开双臂热烈拥抱数字化转型，同时不切实际地认为这样的转型能够带来成倍的盈利增长或者成本下降那就过于简单化了。每一次科技浪潮难道不都是水涨船高大家都能够受益吗？问题是金融数字化转型不是普通的科技升级而是一次重塑商业模式的过程，在这个过程中很可能会触动甚至降低现有模式带来的盈利能力，对于传统企业的管理层来说如果准备不足仓促启动数字化转型就很危险了。根据麦肯锡公司在2017年的一次问卷调查，包括金融业在内的众多行业都已经开始大规模运用数字化科技进行商业模式的转型，但数字化转型在降低经济活动阻力的同时也促进了行业内的竞争，结果是很多企业面临营收和利润的增长压力。数据显示，数字化转型平均消耗了6%的企业营收和4.5%的企业税前利润。[1] 也就是说，数字化转型加剧了行业竞争而且在一定程度上加速体现了企业数字战略项目的影响力，无论这种影响力是积极的还是无用的，甚至是消极的。数字化转型会使竞争更加明显，加剧了行业内优胜劣汰的淘汰过程！

颠倒的科技应用周期

金融数字化转型的第二个特征是科技应用的周期方向。一般的科技项目设计和讨论都是来自基层的实际用户需求，并且根据现有用户描述的商业模式展开科技应用和开发。在这样的传统周期中，新兴科技一般需要很多时间才能得到商业用户的认可，然后成规模地整合进企业的商业信息系

---

[1] https：//www.mckinsey.com/~/media/McKinsey/Business%20Functions/McKinsey%20Digital/Our%20Insights/Digital%20McKinsey%20Insights%20Number%201/Digital%20McKinsey%20Insights_Issue%201. ashx.

统中，因此科技应用的周期循环方向是自下而上的。在数字化转型的时代，科技应用的周期方向颠倒了。金融企业的高层主管甚至是 CEO 本人会直接领导团队进行自上而下的商业模式重塑，不但投资巨大而且更多时候是直接应用新兴科技推动企业结构和商业模式的变革。人工智能和大数据等新兴科技加上大规模云计算的算力让很多原来不切实际或者成本高昂的设想立刻变得可行。更重要的是，数字化转型不仅仅是金融机构努力向客户推销基于新产品的过程，更多时候是为了满足客户通过其他平台已经习惯的需求，否则传统企业会在相应重要领域失去市场份额和营收。金融科技这样的新兴企业对竞争毫不含糊。

金融专业信息的平民化

金融数字化的第三个特征是金融信息的平民化。自从 2008 年美国次贷危机引发的经济大衰退以来，大量华尔街金融产品的专业人员纷纷离职，但他们并没有离开这个行业。这些专业人士拥有很多年的经验和知识，熟知金融系统的运转规律，因此其中很多人能够迅速在金融科技领域找到新的定位。与此同时，大众投资人对华尔街开发的复杂的金融产品和收费高昂的金融服务越发猜疑，越来越多的投资人决定自己动手，将个人理财的决定权牢牢抓在自己手中。随着大量市场数据成为免费资源，这样的"自力更生"型投资人对金融信息和数字化应用的需求催生了大批 App 应用，金融信息更加平民化。

压缩的决策过程

金融数字化转型的最后一个重要特征是压缩的企业决策和实施过程。金融企业的管理层希望能够迅速展开数字化转型，但一般还是需要作出相应的预算和计划才能实施，很多时候为了能够让项目团队展开工作，这个决策过程可能会被随意压缩。随着数字化的推进和不断成功转型企业的压力，传统企业的管理层甚至会选择一边开展项目一边完成内部尽职调查。结果是金融数字化转型直接催生了数十亿美元的科技项目市场，但传统企业的管理层却急迫需要证明数字化转型项目的价值。一旦行业内的新晋企业推出颠覆性的创意产品，留给其他成熟企业证明自身价值的时间可能缩短到几年甚至几个月，这是一场完美风暴，数字化转型的成败很可能会决定企业未来几年的竞争能力和行业地位。

金融行业数字化转型加速的动因

也许我们有必要回过头来审视一下为什么数字化转型更容易发生在金融领域而不是其他行业。例如，能源和矿业的数字化转型就非常缓慢，毕竟信息技术的连通也无法取代钻井平台和挖掘机的作用。数字化转型甚至颠覆金融行业的主要原因还是来自金融行业的特殊性。第一，金融产品和服务交付的重要环节是信息传递。金融企业通过资本和资产的交换创造价值，当资本和资产都以信息化的方式出现的时候，信息传递和交换就是交易完成最核心的过程。连通不同交易对象和技术平台正是数字化转型的核心定义。第二，全球金融行业虽然发展迅速，金融服务业的覆盖对象仍然出现不平衡的现象。例如，资本市场作为金融行业的一个分支板块，是一个每年能够产生超过 1 万亿美元的营收市场，与此同时，大多发展中国家的金融消费者缺乏渠道参与其中，因此在过去几年反而催生出一个由边缘消费者组成的，依赖信息技术的新型金融市场。

衡量不同行业间数字化水平和发展潜力不是一件容易的事情。在 2017 年 11 月美国布鲁金斯学院"数字化和美国劳动力"的报告中，研究员首先分析了全美 545 个不同职业的工作内容和数字化水平，发现不同行业的数字化水平主要和两个变量相关：职业需要的计算机知识水平和日常工作活动与计算机的关联性。根据这两个变量，研究人员创造了一个公式从而量化了不同行业间数字化水平和程度。毫无意外，金融分析师和软件开发工程师都属于高度数字化的职业，需要较高的计算机水平同时日常工作主要通过计算机完成，不过更重要的是研究结果发现金融经理（Financial Managers）不但数字化水平要求较高，教育水平要求更高，其平均年薪高达13.97万美元，属于典型的高学历、高薪、高数字化的职业。更进一步纵向分析发现，金融经理的数字化水平从2002年到2016年几乎增强50%，而包括金融行业在内的一般办公室文员和操作人员虽然普遍数字化水平超过建筑行业和安保行业，但在过去的15年间并没有显著增长。这些因素叠加起来，布鲁金斯学院的研究人员得出客观的结论"商业和金融运营类职业"（通过数字化）自动化的潜力很高而且会继续高速进行。①

著名咨询公司埃森哲和牛津大学共同进行的一项研究表明②，大多数美国商业银行仍然希望科技项目能够提升客户忠诚度。这些商业银行投入大量的资源进行科技基础设施改造，希望能在日益竞争激烈的市场中确保自身优势。投资银行和资管企业的数字化转型开展较早，在同样这份调研报告中显示，首先超过半数的投行管理层都强调大数据分析已经在商业运营中起到重要作用，其次是强调面向客户的区块链技术应用，最后是强调成功的数字化转型还能有效留住员工，这也是提高投资银行和资管企业竞争力的重要考量。经过多年的管理实践，资本市场企业的管理层已经不再将数字化转型的目的定位于成本控制，很多企业也的确设立了各种各样的内部KPI考量其效果，但是管理层对数字化转型相关项目的实际管理方式还是和传统意义上科技项目相同。虽然不少企业对敏捷开发等管理方式相当熟练并且广泛运用，但项目的既定目标还是依托于能够对现有的商业流程提高效率，而不是通过新型技术和通信网络重塑商业模式。

---

① https：//www. brookings. edu/wp－content/uploads/2017/11/mpp_2017nov15_digitalization_full_report. pdf.

② https：//www. accenture. com/_acnmedia/pdf－92/accenture－insurance－digital－transformation－remaking－an－industry. pdf.

传统金融企业数字化转型的三个两难困境

金融数字化转型的确是一个复杂且重要的话题，也的确需要探索最佳实践和管理模式。行业内的传统企业一方面市场占有率很高，从财报看各业务板块都稳定增长，同时却面临大型科技企业和非银行的金融科技企业的挑战，再加上层出不穷的新兴科技和变革中的监管框架，数字化转型的挑战包括以下三个两难困境。

第一，传统企业面对的是高层主管（或者董事会）对金融企业相对保守的风险控制要求和数字化转型的资源投入和创新追求之间的两难困境。金融企业的高层主管或者董事会并不是风险投资人，他们一般要求企业对市场趋势判断正确的同时，能够带来稳健的财务增长，因此对新型项目的决策通常比较谨慎，尤其是关注这些数字化转型项目是否能立刻给企业的运营带来立竿见影的效果。当数字化转型的相关负责人不停解释项目的前景并且要求加大投入，但是却不能说清楚如何简单有效地衡量项目收益时，数字化转型就会在企业内部面临更多挑战，高层主管虽然直觉上希望能够立刻为数字化时代做好准备，但也同时无法说服自己到底怎样科学地制订计划并且合理决策资源投入的力度和时间。

第二，从技术上说，金融企业内部的技术架构经过多年的更新升级可能相当复杂，遗留系统，通信系统和商业应用系统错综复杂，这样的技术环境和数字化转型需要的新兴科技也许未必匹配；企业的高层主管不得不考虑是否值得为此继续投入大量资源改造现有技术环境以达到系统整合与对接的目的。传统银行经过多年积累，大量重要高价值的数据可能都存储在这些遗留系统里面，而新兴金融科技企业可能并没有这些包袱，而是将所有的数据都存储在现代化的技术系统里面包括云端服务器，如果传统银行要和金融科技企业合作，数据之间的连通和传输也是令人头疼的问题。金融科技初创企业也没有做好准备应对和传统银行的技术环境对接，接受并且解决系统整合问题和与之相关的风控要求。虽然双方的高层主管也许都希望能够合作共赢，但让实际操作团队的期望值互相对齐，在实践中步调一致，协调风险更多时候是一个企业文化的话题。

第三，监管机构也面临和以往完全不同的挑战。金融企业数字化转型的技术驱动是由外向内的颠倒型技术周期，很多时候监管机构发现自己"后知后觉"，只能在传统企业推出的新型数字化产品或者服务以后才作出判断从而完善监管要求。监管沙盒是目前很多监管机构采取的比较流行的战略，但是监管沙盒仍然是以金融机构主体作为考量对象，这样的传统定位和数字化转型略显错位，主要原因来自金融科技企业的创新和颠覆通常集中在价值链的一个特定环节，而不是整个金融机构主体所拥有的全价值链。因此，监管就很难确定新型服务的监管对象和界限，从而更倾向于采取保守的监管策略。金融行业的传统企业内部法律和风控部门面对这样的监管策略很可能要求数字化转型的管理团队提供更清晰的解释和路线图以满足监管机构的问询。

金融企业数字化转型开始的早期特征

面对这些来自内部或者外部的挑战和管理上的两难困境，金融企业的管理层很难立刻找到完美的标准答案和解决方案。完全对标的样板企业也许并不存在，因为转型中的传统企业或者成功颠覆的金融科技企业的发展过程也是基于不同的宏观和微观环境的结果。传统金融企业在审视自身独有的资产和能力的同时，也可以借鉴以下这些数字化转型的早期特征，并且结合自身优势开始思考数字化转型的战略和管理原则。

1. 高层主管的人事变化尤其是加强了数字技术方面的领导能力。提前做好人才配备方面的准备，包括引入具有相关技术背景或者实战经验的高级人才通常是数字化转型开始启动的早期特征。这样的人事变动也给董事会和所有员工传达了一个重要信息即企业高层对数字化转型的决心和目标是坚定明确的，在资源投入方面也会不遗余力。

2. 企业的高层主管注重于前瞻性的讨论和研究，尤其是新兴金融服务带来的市场波动和新进入的科技企业动态。金融企业的高层主管对市场竞争通常保持相当的敏感度，有时候尽管目前风平浪静但仍然执着地讨论研究未来可能面临的颠覆，尤其是来自新兴技术和名不见经传的初创企业。通常这个迹象很可能说明高层主管已经预判到价值链的一部分已经成熟，新的商业模式已经出现而自身相应的市场份额面临挑战。

3. 企业的高层主管和来自外部的大型科技企业或者金融科技初创企业频繁见面讨论产品愿景和行业发展方向。这样的讨论也许未必会落实到任何具体的合作，但有助于企业管理层从不同角度了解市场和客户需求的变化，了解这些潜在竞争对手的想法有助于构造数字化转型的切入点和目标市场细分板块。

4. 金融企业在人力资源配备方面增加数据工程师而不是一般的运营人员，这样的投资决策显示金融企业希望增强数据分析和模型建设方面的能力，而这些能力是数字化转型过程中的重要基石。传统金融企业在过去的数十年中积累了海量的客户数据，整理清洗这些数据需要时间和投入，为数字化转型做好数据准备。

5. 数据相关的另一个早期迹象是越来越多的日常数据开始向云存储迁移或者和云计算相关的系统传输或者整合项目。无论是提高算力还是外部合作，打造基于云存储的 API 接口也需要时间，而这样的接口是开放式银行和外部合作的前提条件之一。

6. 金融企业开始启动一系列基于前沿科技的小型项目，这些项目可能有助于了解前沿科技人工智能对企业内部相关技术环境的要求和匹配程度。数字化转型很可能会使用前沿科技，成熟的企业会提前积累相关经验和做好技术环境方面的准备。

7. 金融企业也许会开始建设应对前沿科技相关监管要求的内部框架。数字化转型很可能会涉及相应的行业规范改革和对监管要求的评审，也许初创企业可以先推出产品再寻求监管意见，但传统金融企业尤其是占现有市场主导地位的企业有必要和监管机构保持沟通，在科技应用的同时平衡监管的进步。

8. 面对金融数字化转型的要求，传统金融企业的管理层可能会多重考虑现有科技项目集群的投入和资源配备方向。过去十多年以来，金融企业对大型信息系统的采购和年度升级一般遵循科技公司的路线图和时间表，为了能够更好地为数字化转型做准备，金融企业的技术部门可能会研究打破这些预设的升级周期从而能够腾出资源给数字化转型需要的前沿科技作为新一代的技术基建。

9. 随着金融数字化转型的开启，传统金融企业开始展示更多的以设计思维主导的科技项目，而不是简单地向现有用户推销现有产品的修正和升级版本。

10. 一个连通的企业是数字化转型的核心和基础，大型金融企业在转型早期会不断打造完善企业内部不同数据点之间的传输和连通。企业现有数据和未来生成的新型数据之间的流转也同时是商业流程重塑的关键环节，一个连通各类数据赋能新型商业模式的企业数据生态系统能够有效打通企业内部的数据壁垒，从而为数字化转型打下坚实基础。

在大型成熟企业内部推动变革不是一件容易的事，管理层同时还要面对飞速更新的科技和层出不穷的新型商业模式，这些都对金融企业的未来发展增加了更多的不确定性。和初创企业不同，行业内的现有企业无法忽视投资人对企业现有资产的关注和对盈利的迫切要求，因此大型成熟企业的管理层必须在强化企业核心业务的同时打造未来商业模式——这可比从零开始复杂很多。①

昂贵的实验，暗淡的未来——通用电气集团的数字化之路②

打开公司的主页，首先看到的是头条标语"祝贺公司 CEO 履职周年——一年以后：在不确定性中成长"；屏幕的左边是另一个标语"让工业化数据投入工作"，屏幕的中间醒目位置是上下拉动的主营业务，包括：生命科学和医药行业，水资源，食品和饮料行业，原油和天然气行业，公共事业和通讯行业，能源电力行业，汽车行业；每一个行业也都有各自的标语不断提醒读者目标和远景。这不是一家初创企业，这是美国最著名的大型企业集团通用电气的"通用数字"（GE Digital），是通用集团近年来投入巨资打造的数字化转型的重要部门。

作为一家百年历史的美国大型企业，通用电气拥有强大的制造业基础，遍布全球的客户，近乎垄断性的市场细分和积极创新的媒体和金融部门，在 21 世纪初曾经一度是全球企业争相模仿的对象。在 2013 年当时通用电气的 CEO 伊梅尔特（Jeffrey Immelt）宣布启动大规模的数字化转型，创立了通用数字作为集团的子公司独立运行，伊梅尔特看到一个数字化的未来，要将这家 125 年的企业打造成"数字化工业集团"，到 2020 年集团的数字化营收总额要达到 120 亿美元，基本相当于当时通用电气全年全球营收的十分之一！

---

① Gupta, Sunil. Driving Digital Strategy（p. 195）.

② https：//www. wsj. com/articles/the – dimming – of – ges – bold – digital – dreams – 11595044802.

https：//www. reuters. com/article/us – ge – digital – outlook – insight/ge – shifts – strategy – financial – targets – for – digital – business – after – missteps – idUSKCN1B80CB.

https：//www. inc. com/alex – moazed/why – ge – digital – didnt – make – it – big. html.

https：//www. ge. com/digital/iiot – platform.

https：//www. ge. com/digital/.

具体来说，伊梅尔特的数字化愿景聚焦于数据和物联网。通用集团拥有大量的工业设备和产品，如果能够通过物联网不断采集这些设备的运营数据并且加以分析就可以随时获得设备的运行状态和磨损情况；再结合大数据的历史分析就能够比较准确地预测零配件和未来设备更新的需求，避免出现不必要的宕机等。在当时这个想法具有相当的前瞻性，即使现在我们目前讨论的数字化转型战略在很多方面也和这个愿景相符。伊梅尔特的另一个战略要求是"通用数字"在 2020 年要成为全球排名前十位的软件企业，年收入要达到 40 亿美元！

7 年过去了，曾经一度是全美市值最高企业的通用电气集团今天的股价比 2013 年下跌了 70%，市值只剩大约 600 亿美元，远远低于西门子等竞争对手，更是不到新兴工业巨头特斯拉的四分之一！从投资人的角度，尽管经历了新冠肺炎疫情，美国标普 500 指数在同期还是比 2013 年翻了一番，通用电气的表现令人失望，华尔街日报评论通用数字是"一次大型昂贵的实验"。

即使抛开宏观经济和股票市场的变化，"通用数字"的数字化战略和执行也颇受诟病。作为通用电气集团的子公司，"通用数字"从成立开始就需要为集团其他部门提供技术开发服务，如通用航空、通用交通、通用能源等。这些部门的 IT 需求各自不同，对各自的数字化创新思路也不同，"通用数字"需要大量的技术资源但却不能改变或革新其他部门的现有方案和工作流程。因此这些开发工作并不是我们这里说的"数字化转型"而更像传统的 IT 服务部门，虽然"通用数字"能够因此获得现金流和内部营收，但这样的内部技术服务并不能从本质上根据新型科技设计出具有前瞻性或颠覆性的新产品或工作流程，不具有数字化转型的特征。

"通用数字"成立初期，团队就开始开发基于大数据和物联网的 Predix 系统作为内部数字化主要平台，伊梅尔特本人也对此寄予厚望。然而，这样的大型平台系统开发一方面需要开发，另一方面也需要能够创造出商业价值来确认方向。为了能够给老板留下深刻印象，从而能够继续获得源源不断的投资，开发团队不得不花费大量时间和精力做各种幻灯片演示系统的优越性。在2014年给伊梅尔特本人的一次重要演示就包括了用类似动画的方式制作了看上去完美的应用程序和幻灯片一起播放，开发团队人员不无自嘲地解释这是"假模假样"的产品。不管怎么样，这样的演示还是很有用，不久以后在2016年"通用数字"就成为一个拥有1500多名各类开发人员总部设在旧金山附近的大型科技企业。

根据通用电气集团的财务管理模式，这样的子公司需要达到季度业绩指标，需要维持自身的财务稳定，然而这么大型的科技企业在缺乏外部客户的情况下谈何容易。"通用数字"只能寻求更多的内部IT升级或者服务类项目，开发更多符合内部客户需求的定制软件，或者整合来自不同外部供应商的系统。虽然"通用数字"的开发团队希望将Predix推广为开放式的工业数字化平台，但在实际操作上，Predix只是为通用集团内部不同部门服务的中心软件系统。

随着通用集团继续不断下注数字化，集团开始陆续收购了一些小型科技公司，"通用数字"面临更加复杂的局面。通用集团内部不同部门不同系统的数据本来就互相不匹配，科技平台也各不相同，再加上外部科技和格式迥异的数据，让开发团队不堪重负，发布的产品需要大量的额外测试，安装配置的时间越来越长，即使是内部客户也不耐烦，外部客户更是开始寻找其他方案。

竞争对手迅速抓住机会开始蚕食通用电气的市场份额。在传统领域的竞争对手，如西门子电气等凭借稳定的质量和可靠的软件迅速扩大在能源，航空，铁路等传统工业领域的优势，而大量小型初创企业则通过小而美的数字化应用抢夺了一些通用电气的传统客户。例如，芝加哥的一家初创企业Uptake就在2017年通过和巴菲特旗下的伯克夏尔能源公司合作为数以千计的风力发电机提供数据分析服务，这样的生意应该是"通用数字"的专长更何况这些风机都是通用制造的。

随着伊梅尔特在 2017 年的离职，通用电气集团迎来了动荡转型时期，大量高管如走马灯般地更换，新任 CEO 随即宣布"通用数字"必须更加集中注意力而且关注通用电气目前擅长的工业领域。"通用数字"官网有关 Predix 的介绍仍然富有激情：Predix 平台——连通，优化，规模化您的数字化工业应用。

通用电气集团的新任 CEO 在去年向华尔街表示，"通用数字"将很快能够达到收支平衡……

第二章

从误区到原则

——金融数字化的竞争本质

老牌基金公司的新型数字化产品

简洁流畅的界面，低廉的收费，3000 美元的投资门槛，"数字化顾问"是一款完全不需要人工服务的智能投顾服务。与市场上大部分智能投顾产品类似，"数字化顾问"会根据客户个人要求定制理财服务，自动制定投资组合并且购买相应金融产品，当客户的理财需求发生变化的时候，自动调整投资组合。2020 年，随着一场突如其来的新冠肺炎疫情，美国金融市场剧烈波动，就业市场急转直下，大量投资人急切需要投资顾问的意见，而"数字化顾问"这样的金融科技产品既能够完全自动、不厌其烦地回应客户的询问，又以相对低廉的收费为客户节省下大量额外的服务费用，因此颇受市场欢迎。

"数字化顾问"却不是一家初创企业，而是全球最大的指数基金公司先锋领航集团推出的数字化金融服务产品！

先锋领航（Vanguard Group）成立于 1975 年，旗下管理的资产总额超过 5.3 万亿美元，是全球最大的公募基金公司，不折不扣的行业老牌龙头企业。先锋领航集团的数字化战略不止于简单的一款智能投顾产品，在 2020 年 4 月先锋领航集团宣布和蚂蚁金服独家合作的基金投资顾问服务"帮你投"已上线支付宝，意味着中国首家合资基金投顾正式上线，全球最大的基金和中国领先的金融科技平台合作，瞄准的是拥有 9 亿用户的中国个人理财市场，先锋领航集团的全球数字化战略彰显力度。先锋领航集团的主页清晰指出公司的竞争战略：10年间旗下90%的基金的业绩表现都能高出行业平均水平和竞争对手，这是杰出的业绩。[①]

金融数字化转型的六大误区

金融是一个竞争激烈的行业。随着科技的发展，大量金融科技初创企业不断挑战现有金融企业的市场地位和发展战略，走进大型金融集团的会议室，金融数字化转型的话题出现的频率越来越高，"加强创新，提高绩效，最佳产品"这些豪气万丈的标语一方面凸显传统金融企业管理层面临数字化转型的压力，另一方面却从侧面反映出金融企业管理层对数字化转型存在很高的期望。各式各样的幻灯片和数字化转型项目计划书在不断强化金融数字化转型的迫切性和乐观前景的同时，也时常给决策人带来不少疑虑和困惑。在进一步分析了解金融数字化转型过程之前，也许我们有必要先来了解金融数字化转型的六大误区。

- 误区1——每一个金融企业都必须立刻开展数字化转型
- 误区2——金融数字化转型的目的是击败金融科技和其他非传统金融领域的新进竞争对手
- 误区3——金融企业进行数字化转型能够研发出新产品，比竞争对手提供更好的客户服务
- 误区4——金融数字化转型应用最新科技，所以具有颠覆性
- 误区5——金融数字化转型是一项旷日持久的挑战，会持续多年，因此投资巨大
- 误区6——金融数字化转型是一项基于SWOT分析的企业战略

---

① https：//about. vanguard. com/what－sets－vanguard－apart/the－vanguard－investment－story/#superior－performance.

差异化竞争的终极目标

最大的误区，就是将数字化转型看作一场"运动式"的任务，这样的做法对企业的平稳运营和长期发展毫无任何帮助，因为数字化转型完全不同于简单的系统升级或者软件更新换代，对于传统金融企业来说，更像是一场需要周密计划的全方位改造。溯本求源，回到企业的商业本质问题——每一家企业的核心业务是什么？怎样衡量绩效表现是强劲还是萎缩，怎样知道企业是否可以在行业竞争中长期占据有利地位？

竞争是企业成败的核心。竞争决定了企业活动能否提升企业的发展成效，包括创新，公司文化和凝聚力建设，决定企业能否有优秀的执行能力。[①]

作为当代著名的商业战略和管理专家，哈佛商学院的教授迈克尔波特早在20世纪80年代就揭示了企业活动的根本原则是为客户创造价值，差异化竞争战略的终极目标是改变那些企业习惯的规则。在包括金融行业的任何行业内，竞争的规则都体现在五种竞争力中，包括现有竞争者之间的对抗竞争，供应商的议价能力，买方客户的议价能力，替代产品或服务的威胁，新进入者的威胁。这五种竞争力的合力，决定了企业在特定行业内除去资本成本以外取得的平均投资回报率。一般把这个模型称为波特的五力竞争模型。[②]

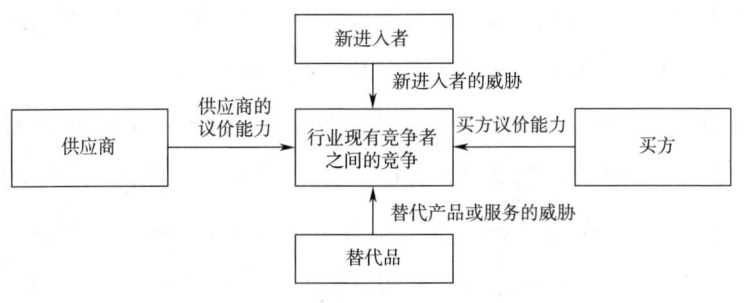

图1 波特的五力竞争模型

---

① Michael Porter – Competitive Advantage.

② Michael Porter – Competitive Advantage.

不变的商业活动本质

时代在变，数字化转型是热门话题，同时也给金融企业提供了一个新的舞台；商业本质没有变，在这个新的舞台上，无论是行业内的龙头金融集团，地区商业银行还是创新企业，数字化商业活动的主题仍然是竞争并且发展。

- 现有竞争对手之间的对抗是金融服务业的明显特征。商业银行互相争夺存贷款，华尔街的投行互相争夺 IPO 上市案和各类并购咨询案，对冲基金争夺客户扩大旗下管理资产总额。数字化时代的实时沟通和数据驱动特征加剧了这些商业活动的频率和力度，极大地扩大了竞争范围，竞争对手之间的地域区别几乎可以忽略，所有客户之间的信息传播速度极大提速，机构的数字化程度和管理水平成为和竞争对手之间对抗的重要因素。

- 供应商的议价能力对金融服务业的竞争环境有重要影响。银行或者大多数金融机构需要以下两大资源开展商业经营：资本和人力。对于传统商业银行来说，资本的来源可能是客户存款，这时候存款客户的议价能力就会影响行业竞争环境；资本的来源也可能是中央银行例如美联储的贴现窗口。人力资源就是金融机构的员工了，显然大量金融机构扩大了技术人员的招聘从而增加自身的科技能力储备，但与此同时，对拥有各类前沿科技相关技术和经验的热门人才争夺会对行业竞争环境产生影响。

- 买方客户的议价能力得益于数字化时代的推动不断得到增强，其对金融服务业的竞争环境影响日益直接，因此大量金融机构喊出"以客户为中心"的口号。现在的金融产品消费者早就不满足于被动接受银行服务，而是主动寻找符合自己要求的最佳服务渠道，并不过多介意这样的渠道是否属于传统意义上的银行。这是买方客户议价能力的体现，也因此对传统金融机构的管理水平和盈利能力产生极大的压力。

- 新进入者的威胁的确是数字化时代的一个特点。银行的历史发展显示，各国对设立新的银行一般有较高的资本要求和监管要求。虽然美国的金融机构总数从 1999 年的 10222 家下降到 2019 年底的 5177 家，这样的降幅未必是因为银行倒闭（银行倒闭通常会被媒体强烈关注），更多是因为行业内的兼并和重组；事实上，由于倒闭而不得不接受美国 FDIC 联邦存款救助的银行每年也不会超过 10 家。FDIC 的统计显示，在过去 10 年间，美国新开设的银行总数达到 1455 家，平均每周就有一家新的银行开业！① 同样的趋势在非银行的金融机构中更加明显，根据美国证监会的资料，2018 年一年中新注册的私募基金超过 1100 家，而新注册的对冲基金超过 150 家，2018 年底美国对冲基金的总数已经高达 9193 家！这些新进入者在强化美国金融行业生态系统的同时，不可避免地和传统金融企业展开各方面的竞争，随着电子交易的盛行，武装到牙齿的数字化基金和传统金融企业在网络带宽和低延迟网络速度方面展开了"军备竞争"，序言中的闪电小子就是其中杰出的代表。

- 替代产品或者服务是数字化转型的重要话题，也是所有金融行业主流企业最感兴趣的话题。对金融行业内传统企业来说，非银行的金融机构或者新型金融科技企业提供的服务很可能就是替代了目前的某些银行产品或者服务，例如电子支付替代银行支票等。一旦这样的替代产品迅速形成规模从而成为主流产品，那么颠覆就已经发生了，传统企业在相应的市场细分中就面临市场份额减少甚至出局的危险。

竞争能力决定了企业的核心业务表现，所有的商业活动都是为提升企业发展成效服务的，数字化时代不仅是一个宏观场景和语境，更是强化了五力作用体系下金融行业的竞争本质。忽视数字化加速金融行业竞争事实的金融机构既不会注重数字化转型的意义也不会对其投入大量精力和资源，但是这些遗留企业很可能在不远的未来面临一个更加严峻对自身更加

---

① https：//www7. fdic. gov/idasp/advSearchLanding. asp.

不利的竞争体系。资本和技术人才会自然流向更加具有竞争力的企业，买方消费者对数字化的应用和几乎免费的数据分析已经习以为常，从而将忽视那些不能提供类似服务的遗留企业，新进入的非银行金融机构迅速抢夺市场份额，金融科技的替代产品和服务通过差异化竞争在不断蚕食市场份额的同时还不断重新定义各自的市场边界。未来的金融服务业版图可能更像一个两头大中间小的哑铃，头部企业数字化转型成功不断占据市场主导地位，遗留企业在另一端也不断增加，中间是努力推进数字化转型的企业，但这些企业的分化速度日益加快。

误区 1——每一个金融企业都必须立刻开展数字化转型

回到第一个误区，是否每一个金融企业都必须立刻开展数字化转型？数字化转型不是简单的系统升级，这是一个用新型信息技术重新想象商业模式的过程，这个过程会影响到相关流程，营收利润和企业结构，急切跟风开展数字化转型显然低估了这里面的复杂程度和对企业的影响。数字化也不一定适合企业任何部门的任何商业流程，管理层需要仔细评估和分析时间点和适用度，而不是盲目开始转型。

董事会对数字化转型的迫切性可以理解。任何金融机构的董事会都会面临两难困境，一方面，要严守底线小心谨慎地控制风险；另一方面，必须发展科技以缓解华尔街的市场压力。根据华尔街日报的统计，近年来传统金融机构上市公司的平均市盈率在 11 倍左右，大型科技企业的平均市盈率在 22 倍左右，而金融科技企业的平均市盈率是 49 倍！然而如果基于董事会的压力，管理层在匆忙中增加企业发展战略中的科技含量并且将其称为数字化转型，那么这些项目集群可能仅仅是过度包装的 IT 系统升级或者基于现有流程的优化或者改进，结果是投入巨大但不能在投资人中产生相应的共鸣，企业数字化转型的可信度反而降低了很多。

为了避免这样的误区，管理层也许可以认真评估现有的企业商业流程和与之对应的架构而不是过度推销数字化转型本身。根据这个思路，管理层可以从数字化转型的需求端入手，着力设计未来企业在数字化时代的商业愿景和现实可行的路线图，同时开始引入并储备前沿科技所需的人才和技术资源。虽然这样的计划和准备需要时间也只是第一步，但早期的调研结果说不定让人吃惊，预想中的流程也许并不需要也不适合立刻展开数字化转型，反之路线图中的数字化转型过程也许会淘汰现有的流程，这些准备工作的结果有助于管理层甚至企业的董事会面对未来数字化转型的相关决策。

误区 2——目的是击败非传统的新进竞争对手

第二个误区，金融数字化转型的目的是击败新进竞争对手吗？根据波特五力竞争模型，金融科技等非传统银行企业很可能带来替代产品或者服务，但因此就把金融数字化转型的目标定位于击败这些替代产品似乎过于狭隘。数字化转型的目的是通过企业战略资源的重新配置，依靠新型科技和通信技术重塑商业模式，在这个重塑的过程中，企业当然会推出创新产品和服务，但前提是这些创新产品和服务能够帮助企业实现重塑，而不是简单地和金融科技产品进行对比。金融科技一般的战略更注重于针对价值链中利润最丰厚的环节，而数字化转型远远不会只考虑企业运营的单一环节。

误区 3——金融企业进行数字化转型能够研发出新产品

第三个误区，金融企业进行数字化转型能够研发出新产品，并且比竞争对手提供更好的客户服务。这是一个很常见但是似而非的问题，数字化转型未必会立刻推出面向市场的新产品，实际情况是占行业主导地位的企业很少是前沿科技的先锋用户。一方面，市场接受程度很不清晰，企业将承担相应的营销和培育市场的成本；另一方面，行业主流企业的自身优势更多时候是应用规模而不是先发优势。

误区4——金融数字化转型应用最新科技，所以具有颠覆性

第四个误区，金融数字化转型应用最新科技所以具有颠覆性。我们经常听到的"大胆尝试新型科技，颠覆现有商业模式"等流行口号都是来源于这个误区。第一，金融企业的数字化转型出发点应该是前瞻性的商业模式设计和资源配备而不是为了能够应用新型科技。无论是人工智能还是大数据都是服务于转型战略，这些新型科技能够为商业赋能，让原本不可能靠人工完成的商业模式成为可行，运营可靠而且能够创造指数级价值的新型模式。金融企业不需要也不具有以学院派的技术能力发明创造新型科技，金融企业应该擅长应用新型科技解决实际商业问题。第二，金融企业的数字化转型是一场由上至下的改造，科技应用的周期很可能是颠倒的而不是随着商业需求而与之匹配。这样的周期的确具有颠覆性，但其原因不仅来自最新科技的应用，更重要的是对未来商业模式的思考和设计；基于最新科技但缺乏实际商业场景的技术平台本身并不能创造价值，也不会提高企业的竞争力。第三，企业内部数据连通，客户和后台的信息连通，算法引擎和数据存储的连通可能更多借助于金融企业内部已经熟练掌握的技术和现代化的通信科技，连通是数字化转型的重要特征，很多时候，成熟的技术诸如数据库和网络一样可以推动数字化转型。

过于热衷追求最新技术还会带来更大的财务压力，不但投资巨大而且实现应用的场景和商业规范都未必成熟，试错成本很高。使用最新技术但仅简单复制现有流程固然能够大幅度提高执行效率，但仍然不是真正意义上的数字化转型。事实上，即使硅谷的科技巨头也大多采用和美国大学合作的方法来获取有关最新科技的研究信息，很少会去主动承担所有研发工作。

误区5——金融数字化转型旷日持久，投资巨大

第五个误区，金融数字化转型是一项旷日持久的挑战，可以持续多年，因此投资巨大。这样的认知对于金融数字化来说过于笼统简单化而且有些误导。金融数字化转型的确需要很多时间，但并不是说企业要等多年以后才能从中得益。这个误区的来源很大程度上是基于瀑布式开发流程，"看三年，做三年"，从采集商业需求到设计到开发到调试上线，整个过程控制严格，开发团队需要保证每一个步骤的实施完成才能进入下一个步骤。优点是对交付物需要实现的功能和质量要求控制严谨，缺点是更新周期很长而且不能随时根据客户要求或者市场变化调整。在金融数字化转型的执行过程中，管理团队需要运用多种开发工具和流程，它们各有所长，因此笼统地说数字化转型需要很多时间并不准确。

误区6——金融数字化转型是一项基于 SWOT 分析的企业战略

第六个误区，金融数字化转型是一项基于 SWOT 分析的企业战略。SWOT 强弱分析是优势、劣势、计划与威胁的英文首字母缩写组成的一套工具，主要用于分析企业的优势与劣势，是制定战略前常用的分析架构，金融企业尤其是投行对此了如指掌。区别数字化转型和 SWOT 分析的关键不同在于 SWOT 分析更多是基于评判人的主观判断而数字化转型是更加科学复杂的体系需要同时考虑科技周期和未来商业模式的重塑。

金融企业的管理层并不希望被贴上古板守旧不求进取的标签，面对数字化时代的挑战，他们更希望能够建立一套管理原则来分析并解释与数字化转型相关的活动，他们十分清楚这里面的潜在风险，因此也需要这样一套原则来识别并缓解风险。

金融数字化转型的原则

金融数字化转型的原则1——可衡量的"企业数字化价值"(DOV)[1]

经典的商业管理理论认为企业的管理层能根据一系列标准设定商业活动的轻重缓急，这些标准包括订单是否具有商业吸引力，客户是否重要，新产品是否有市场等。这些标准就体现了企业的价值体系。[2]波特理论对价值的定义更加直接，"价值的衡量标准是营收，客户愿意为企业的这些产品和服务支付多少费用，这些产品最终能够拥有多大市场"。[3] 然而，在数字化时代，被颠覆的常常不是金融服务完整的价值链，而是其中某一个环节，而且可能是利润最丰厚的环节，这就需要把这些经典的价值理论梳理完善，因此在这里我们提出数字化转型的第一个原则——建设适合企业自身条件的可衡量企业数字化价值体系。

这里的可衡量企业数字化价值和金融科技项目管理中提到的可衡量的企业价值（MOV）[4] 非常相似，但DOV更加强调相关的商业领域和数字化因素。企业通过一系列商业活动改变现状，引进或加强新型科技在设计、开发、生产、交付、营销和客户支持等环节中的作用，从而获得竞争优势，DOV可以有效衡量并判断这些商业活动是否能够支持数字化转型进程。DOV包括5个方面：

---

[1] DOV 是英文 Digital Organizational Value 的缩写，是本书的原创理念。

[2] The Essentials – An introduction to the most enduring ideas on management from Harvard Business Review.

[3] Competitive Advantage – Michael Porter.

[4] MOV 是英文 Measurable Organizational Value 的缩写，详细内容见《从进度到进步——解析金融科技项目管理》。

1. 直接能够通过数字化产生商业价值。简单来说，就是相关的项目会直接生成数字化的新产品或者新服务，这些产品和服务的商业价值可以通过市场调研或者对标竞争对手得出，因此是可以衡量的。

2. 通过数字化转型能够直接或者间接降低成本从而产生商业价值。竞争的关键在于差异化，差异化的策略一方面包括不断创新推出更好的产品，另一方面包括降低成本从而扩大利润。如果项目设计针对企业内部的繁复的商业流程和低下的生产效率，希望通过新型科技的使用或者人机互动的增强来达到企业内部数字化转型的目的，那么管理层应该有标准来衡量这些项目的成本收益。

3. 通过数字化转型能够达到既有产品或服务差异化竞争从而产生商业价值。在现有产品基础上，通过数字化改造形成在产品生命周期的部分价值链上的差异化，也就是俗称的护城河。这样的差异化功能包括，提高客户体验，使用更加方便快捷，用户能够根据自己的喜好定制，缩短服务生成和交付的时间，这些价值都能够帮助企业更好地锁定客户，增加与客户之间的交流从而产生更多的商业价值。

4. 通过数字化转型能够有效打造数字化平台从而通过平台连接效应产生商业价值。和差异化竞争的本质类似，数字化平台的最终目的仍然是利润，不过并不是通过产品或者成本实现的。类似于脸书或者微信这样的数字化平台能够让用户互相交流从而形成强大的网络效应，这样的网络效应会催生基于平台的新功能和新产品。

5. 通过数字化转型能够达到监管效率的提高和风险的控制。金融企业作为强监管机构，在合规和风险控制方面不但需要投入大量人力物力，还需要对未来数字化监管趋势作出预判。随着数据生成的不断增加和基础建设方面速度的加快，数字化的监管流程和风险预警都会日益重要。

金融数字化转型的原则 2——数据驱动的分析和决策

金融企业每天都会生成海量的数据，从基础的 IT 基建方面的系统状况到千里之外的客户对产品使用的频率和客户服务的要求，这些数据为管理层提供重要的决策依据。在数字化转型过程中，金融企业需要更加注重选择、建立、识别关键的数据点，开发较为成熟的数据分析系统从而达到机器辅助决策的目的。

首先，根据相应的数字化战略甄别选择合适的数据点作为主要考量对象。数字化转型项目如果符合 DOV 原则，那么衡量其价值会需要大量原始数据，管理层的首要工作就是寻找最具有代表性能够描述 DOV 的相关数据。

其次，这些原始数据点可能是静态的，管理层需要进一步建立动态长期的数据收集和分析机制。单独的数据虽然宝贵，但也许不能有效帮助管理层得出动态趋势和长期发展方向。金融企业管理层可以向金融科技初创企业学习，通过不断更新的市场反馈或者内部客户反映，迭代式地增强基于数据趋势作出判断的能力，避免主观意志过强或者被初始静态数据误导。

再次，管理层需要把数据转换成洞察力。一方面，这样的洞察力来自数据的动态趋势和比较图形化的呈现方式；另一方面，这样的洞察力来自跨部门跨条块的数据分享。正因为数字化转型不但需要综合考虑五力模型中的所有要素，更重要的是数字化转型不是简单的升级，而是具有很高的不确定性。因此，让企业内部相关人员依据客观数据共同作出决策判断有助于得出切实中肯的建议。

最后，外部合作有助于科学决策。企业的管理层可以考虑在可控的前提下，将相关产品运营数据与外部客户共享，不同角度和不同背景的反馈有助于管理层不断细化或者纠偏数字化转型相关产品的定位和发展方向。

金融数字化转型的原则 3——焦点是价值，而不是价值链

金融科技初创企业或者是大型科技企业进军金融行业的重要特征就是对价值链的拆分和重组。虽然经典商业管理理论一向强调价值链的重要性，在数字化时代，更重要的是整个链条上某一个环节的价值。因此当金

融科技企业运用前沿科技开发出针对某个特定场景和特定功能的解决方案的时候，这些初创企业不但可以绕开基于整条价值链的进入壁垒，而且可以立刻产生价值甚至生成利润。对于金融行业的传统企业来说，可以考察从客户角度是否存在相对独立但却对整个价值链颇为重要的产品，这些产品的价值体现很可能就是金融科技初创企业的切入点。

金融科技企业能够拆分价值链从而摄取利润最丰厚的环节，但这些环节并不是独立存在的，事实上，传统企业建造了完整的价值链，初创企业通过融会贯通数字科技和商业模式本质在为客户提供更便捷的服务，同时让传统企业承担了价值链的其他基础功能。例如，手机支付并不能脱离银行系统单独存在，但银行系统仍然负责整条价值链的维护，包括银行账户每日清结算。传统企业的客户网络此时就是数字化平台价值的重要来源，正如初创企业可以免费借助整个价值链，传统企业可以通过提高数字化平台的门槛来增强自身的竞争能力；想象一下，如果传统银行开发数字化API的同时，对此项服务开始收费，那么在数字化支付市场初创企业就会面临两难困境：交费与银行合作还是自己创建基础设施和价值链？

金融科技初创企业的颠覆都是从市场边缘客户开始，这些客户的需求不如核心客户那样复杂，但对价格和费用非常敏感，因此新型科技服务能够迅速创造 DOV 组合——新产品＋低成本＋差异化的客户体验。对于行业内的传统企业来说，其必须在强化自身护城河的同时与初创企业在市场边缘展开竞争，收购初创企业成为一种不错的选择。但必须指出的是，很多时候这样的收购验证了初创企业的数字化技术和商业模型的优势和成功，反而进一步增加了市场上传统金融企业数字化转型的压力。

金融数字化转型的原则 4——迅速交付，迅速试错，自我淘汰，自我更新

金融数字化转型意味着对核心业务的数字化改造，那么在行业竞争对手之间就会存在先后次序。通常企业管理层会认为率先启动对核心业务的数字化改造能够夺得先机，后发则会受制于人；这样的常识忽视了一个重要前提——就是数字化转型相关的前沿技术和设计能够实现预期效果。先发的金融企业在很大程度上必须增加研发投入，收集运营数据，而跟随者可以观察对手的数字化转型效果从而避免很多弯路，只有在确保方向正确的时候，速度才有意义。

方向确定以后，在实施执行的过程中，很多时候企业仍然面临太多的未知数，而迅速交付、迅速试错就是一条行之有效的实施原则。传统企业可以借鉴一些初创企业的创业者精神，在符合数字化转型路线图和内部规程的条件下，借助例如敏捷开发等原则，实现迅速迭代式的交付。很多传统金融企业面对数字化转型会斟酌再三，总是希望能够将资源投入到最有前途成为市场热点的项目中去，打造最受欢迎的产品；同时，对于小型项目，尽管具有数字化转型的潜力，但很可能因为资源有限而不得不放弃。数字化转型具有相当的抽象性，因此大型项目也许需要增加前期的准备工作，而小型项目可以成为大型项目路线图上的早期模块，这样的灵活性有助于增加数字化转型交付物的质量，同时让项目团队有机会反思教训修正开发流程和资源配置。另一个广受好评的开发方式是鼓励开发团队加强市场反馈机制，通过不断向市场发布更新但有限的功能收集用户反馈，而不是一次性推出所有功能。这样的机制有助于及时调整未来开发方向，确保每一次的发布都能够直接或者间接创造价值。

数字化转型需要在运营现有商业模型的同时，整合开发数字化的核心商业模式和企业架构，这是一个自我淘汰、自我更新的过程。企业管理层可以考虑采取不同的推进速度，对运营现有商业模型相关的项目采取低速稳步推进的传统模式，对数字化转型需要的项目采取快速实行、快速纠偏的模式。第一，强调创新的文化和多元的领导艺术，数字化转型项目的团队成员或者相关人员都能够非常轻松地提出相关看法和建议，创新想法也许更多来自最终用户和开发人员。第二，加强内部的人员流动，建立比较松散的项目团队，促进内部创新思想的交流。项目团队不一定必须具有直接隶属关系，很多时候跨部门的松散项目团队反而更具有创业文化。第三，降低内部繁文缛节，提升数字化转型项目团队对核心数据和核心业务的权限。每一家企业都有自身的核心运营信息，包括客户活动数据和产品财务数据等，这些信息对于数字化转型团队非常重要，但大多数时候团队不会直接拥有这么高的权限。同时，大型企业内部烦琐的流程会降低数字化转型团队的效率，既然是快速实行、快速纠偏，那么就应该给这些团队提供比较方便快捷的通道。第四，自我淘汰是一个痛苦的过程，数字化转型会不得不触动内部的公司政治和利益相关人，这时候需要企业的高管包括 CEO 本人的强烈背书。如果数字化转型项目不能带来 DOV 价值，那么也应该提早纠偏，但如果方向正确，那么就应该坚持推进。

割喉竞争，佣金到零——美国在线券商的数字化战场①

2019 年 10 月 1 日，美国最大的在线券商嘉信理财（Charles Schwab）

① https：//www. theverge. com/2020/3/9/21171584/robinhood – outage – week – us – stocks – third – market.

https：//www. wsj. com/articles/why – free – trading – on – robinhood – isnt – really – free – 1541772001？mod = article_inline.

https：//www. wsj. com/articles/charles – schwab – ending – online – trading – commissions – on – u – s – listed – products – 11569935983？mod = article_inline.

https：//www. wealthmanagement. com/technology/fidelitys – subramaniam – were – tech – company – happens – be – finance.

https：//www. wealthmanagement. com/technology/robinhood – ceo – schwab – fidelity – not – really – technology – companies.

https：//www. wealthmanagement. com/technology/fidelity – introduces – cora – vr – financial – agent.

https：//www. cnbc. com/2019/10/01/charles – schwab – is – eliminating – online – commissions – for – trading – in – us – stocks – and – etfs. html.

https：//www. morganstanley. com/press – releases/morgan – stanley – to – acquire – e – trade.

https：//www. cnbc. com/2020/06/04/shares – of – charles – schwab – jump – after – sources – say – doj – approves – deal – for – td – ameritrade. html.

宣布将在线股票交易佣金从每单的 4.95 美元降到零，免费交易！当天嘉信理财的股价应声下跌近 10%，在线券商板块跌幅更多，TD Ameritrade 暴跌了 25.8%，E‑Trade 暴跌了 16.4%，都达到近年来的历史最低点！作为在线券商的代表，嘉信理财拥有 1200 万注册券商客户和强大的技术能力，因此不断努力宣传零佣金的服务得益于公司数字化转型的成功。然而，根据《华尔街日报》的计算，随着大多数在线券商跟进宣布零佣金，这次数字化转型在一个星期里面就使在线券商板块缩水大约 164 亿美元的市值，投资人损失巨大，不过消费者得益可以零成本在线交易股票！一时间大量媒体评论到，在线券商行业的急剧整合已经不可避免。

数字化创新不仅可以压缩利润，还可以急剧消灭商业价值，这可不是开玩笑！事实上，如果仔细分析在线券商的营收构成，不难发现这个行业的商业模式已经发生变化，新进入者咄咄逼人正在用新型的商业模式改变并迅速压缩交易佣金这个市场，嘉信理财只不过是壮士断腕直面竞争而已。

20 世纪 90 年代，在线券商一度以低佣金低费用在线开户等优势席卷美国券商市场，然而好景不长，2012 年罗宾汉证券（Robinhood）横空出世并且立即以免佣金交易抢占了大量市场。罗宾汉证券以金融科技为依托，强调自身的科技优势和面向千禧一代的手机 App 应用界面，在短时间内迅速积累了超过 600 万用户，这样的新进入者给在线券商市场施加了强大的竞争压力。

在线券商的商业模式随之改变。例如嘉信理财的佣金费用其实只占所有营收的 7%，因此才能宣布零佣金和罗宾汉等新兴金融科技券商割喉竞争！像嘉信理财这样的在线券商的营收主要来源于三个方面：

• 在 2008 年国际金融危机之后，美国的券商都纷纷转型成为银行控股公司。因此在线券商就可以名正言顺地为投资客户办理商业银行业务。将客户平时没有交易的现金存款放贷从而获得利差是商业银行最基本的业务，在线券商也因此能够获得稳定可靠的营收来源。

- 随着高频交易商的崛起，这些高频交易商需要交易流量，而在线券商拥有大量散户交易，这两者之间一拍即合。像罗宾汉这样的券商会将交易流量转到专门的高频交易商完成交易，同时高频交易商会因此付给罗宾汉证券交易回扣，散户也并不会吃亏，因为根据 NMS 全国市场系统散户一定是获得当时市场最佳报价的。根据《华尔街日报》的报道，这样的回扣不到整个交易的千分之一，但对于交易双方来说都基本没有什么风险，因此也是稳定可靠的营收来源。

- 智能投资顾问是在线券商的另一个新兴的营收来源。像嘉信理财这样的券商同时会为资深客户提供很多增值服务，例如收费的研报和资产管理服务等，虽然这样的服务会直接导致和华尔街大型投行竞争。

在 2018 年的一次行业会议上，风头正劲的罗宾汉证券 CEO Vlad Tenev 傲慢地评论道，"这些（在线券商和传统券商）并不是真正意义上的科技企业"，这些在线券商的佣金收入很高，没有什么动力创新，因此当面对罗宾汉证券这样的竞争对手时会经历痛苦的转型周期，大规模裁员并且吸引更多的科技人才以后才能在新型行业框架内和罗宾汉证券竞争。

然而，顺风顺水的罗宾汉证券在 2020 年初却遭受了一场巨大的危机。2020 年 3 月初，随着新冠肺炎疫情在全球范围内迅速传播，美国经济遭受重创，美国股市连续出现罕见的剧烈震荡开始暴跌。3 月 9 日罗宾汉证券的交易平台再次出现技术故障无法交易，与此同时纽约证券交易所宣布由于标准普尔 500 指数当日跌幅超过 7% 因此触发熔断暂停交易 15 分钟！最糟糕的是，罗宾汉证券在前一周已经因为类似的技术故障宕机两次，立刻网络上的用户声讨不绝，一夜之间以金融科技优势著名的罗宾汉证券声名扫地。

面对佣金到零的割喉竞争和咄咄逼人的金融科技，另一个老牌券商富达证券（Fidelity）并没有正面回应罗宾汉证券对于券商企业科技含量的评论，而是和亚马逊合作推出了基于虚拟现实的客服机器人 Cora 作为回应。当用户戴上虚拟现实的眼镜就可以看到虚拟现实中的机器人 Cora，用户可以和机器人 Cora 自然交谈，Cora 可以随时根据用户的提问将相关股票信息显示在虚拟的屏幕上，包括报价和目标企业的基本信息！如果不是因为虚拟现实中的办公室装饰着富达证券的标识，很难想象这样和游戏场景更像的沉浸式体验是来自行业老牌券商。"虽然现在很难说这样的虚拟现实服务是否会在金融行业流行起来，但我们觉得在未来能够和客户成功互动并保持透明度是获得客户信任的基础，建立这样的信任需要一个过程。"富达证券的 Cora 虚拟现实机器客服项目针对的 DOV 显然是提高客户体验，毕竟在整个行业都佣金到零的时代，唯有不断创新给客户带来新鲜的惊喜和体验感才能维持长期的竞争能力。

如果缺乏新的差异化产品和客户体验，那么面对佣金到零的惨烈竞争，在线券商的行业合并分化已经不可避免。在 2020 年 2 月 20 日，老牌华尔街投行摩根士丹利宣布以 130 亿美元的高价收购在线券商 E – Trade；"自从我们在 40 年前创立了数字化券商这个行业以来，E – Trade 不断打破现状给投资人和交易员带来最新的数字化工具和服务，加入摩根士丹利以后我们将共同推动服务升级，给客户带来更全面的财富管理服务和能力。"E – Trade 的 CEO Mike Pizzi 在并购新闻中谈到。仅仅 4 个月以后，美国监管机构也最终批准了嘉信理财以 260 亿美元的天价收购竞争对手 TD Ameritrade 的交易，在线券商的行业整合暂时告一段落。

正如竞争战略中描述的那样，在不断同质化的市场中，要么以差异化创新，要么以低成本运营取胜，数字化时代一切都在加速，一切都在不断转变。

第三章

金融数字化转型战略

大型传统金融企业的既有优势

从广义上讲，企业的战略是企业内部连续一致的活动配置，从而将自身和其他企业区分开来。战略体现在多种活动的实施过程中，这些活动主要是为选定的买方创造特定的价值。[①] 在过去的十几年中，金融企业的确投入巨大的资源，努力为自身适应迅速变化的市场打造核心能力，但是在讨论金融数字化转型战略之前，我们有必要先搞清楚两个互相有关但并不相同的概念：高效运营和企业战略。所有的企业都知道高效运营的重要性，企业的管理层也一直孜孜不倦地追求生产效率、质量标准、外包开发等这些运营环节的改善。随着进入数字化时代，问题来了，一方面，随着金融服务业的成熟，企业间的竞争日益同质化，高效运营并没有带来高效收益；另一方面，随着信息化的加强，能够增强运营效率的新型科技迅速传播，竞争对手之间很快能够拉平距离。这里的关键就是，高效运营虽然是企业战略的一部分，但只涵盖了行业内类似的商业活动，这些活动经过多年的实践和监管合规的需要日趋标准化，衡量方式也类似，因此并不能给企业带来实质的差异化优势。

金融数字化转型的目的是让传统金融企业能够通过运用新型科技重塑

---

① 迈克尔·波特——竞争优势。

商业模式从而达到差异化竞争能力。和高效运营不同，数字化战略的重点在于能够大幅度增加"企业数字化价值"（DOV），而企业数字化价值的核心在于新型的利润增长点和新型的成本降低方式。传统金融企业在行业内经营多年，一般都已经达到高效运营，同时还拥有众多独特的优势而且这些优势很难在短时间内被削弱，因此我们称它们为数字化转型既有优势。

拥有强大的财务资源可以自主启动创新项目

数字化既有优势一，拥有强大的财务资源可以自主启动创新项目。高效运营的金融企业都拥有健康的财务状况，因此可以根据需求拨出预算，启动创新项目；虽然这些项目未必完全符合数字化转型需要的新型科技和商业模式重塑的原则，但是可以在相当程度上储备团队资源和技术力量，为转型做好准备，同时不需要借助任何外部资本。另一个重要考量是基于自有财务资源的预算能够承受更多失败的压力。在数字化转型过程中，迅速交付迅速试错可以在短时间内检验新型模式是否合理，和这些传统金融企业相比，初创企业的财务资源来自风险投资或其他外部投资人，项目的失败可能对下一轮融资产生负面的影响，大型项目的失败可能影响企业的生存。

拥有大量高质量客户和较为紧密的客户关系

数字化既有优势二，拥有大量高质量客户和较为紧密的客户关系。高效运营的金融企业都已经在各自的市场细分里积累了大量的优质客户，这些现有的客户为数字化转型提供了两个重要支撑：现有产品或服务的装机量和管理的资产总量。现有客户一般都会接受自己的银行或者金融机构的应用 App 或者电子邮件用于管理自己的金融业务，机构客户也会根据彼此的服务协议装载了相应的软硬件设备，这些装机量为数字化转型初期的小型项目提供了强大高效的平台，但市场推广的成本却可以忽略不计！银行和金融机构管理着客户的资产，高效管理这些资产催生了紧密的客户关系。这种紧密的客户关系和资产总量的组合会在不知不觉中形成影响市场的力量，机构客户虽然对改变现状具有一定程度上的惰性，但多年的合作关系能够让传统金融企业用较低的获客成本向现有机构客户推出新型数字化产品。相对而言，初创企业必须投入高额的营销费用甚至补贴来推销新产品。

拥有行业标准和强大的品牌效应

数字化既有优势三，拥有行业标准和强大的品牌效应。金融行业无论是监管还是风控都有现行监管规范，行业自律规则和技术规范，这些规范是行业内传统企业的既有优势。初创企业对这些规范可能一头雾水，了解合规的过程需要时间和相应的投入甚至组织架构变化，然而风险投资人的兴趣更多的是确保产品的推出和财务数据的改善。金融行业内的传统银行和金融机构通常都有多年甚至上百年的历史，客户对这些老牌企业的品牌具有相当高的认可度，包括对资产的保护，对客户的承诺，合法合规的流程等，积累这些客户的信任和认可需要很长时间。出于对老牌企业品牌的认可，当这些企业开始拥抱数字化时代，进入相邻市场细分并且推出新产品和服务的时候，品牌的优势就会体现出来，现有客户更容易接受相似的品牌标识和产品设计。

信息安全，数据保护和专利

数字化既有优势四，拥有数据和专利。数字化转型的重要原则是数据驱动，包括根据历史数据得出的关于未来市场走向的趋势和根据市场反馈作出的战略调整等。传统金融企业拥有积累多年的历史数据，同时也在不断采集现有客户的运营数据，这些数据加以开发整合就是数字化转型中急需的数据平台来源。人工智能在金融业的运用中最重要的一点就是海量的数据样本。

但是传统企业对数据资源的认识不足，导致在数字化转型早期很多银行过于慷慨地和初创企业分享数据，而初创企业苦于缺乏数据因此很愿意为此付出代价，然而这样的商业合作未必完全符合传统企业数字化转型的长期利益。

近年来，数据安全和消费者信息的保护日益受到监管部门的关注，2020年中国人民银行正式发布《个人金融信息保护技术规范》[①] 完善了这方面的相关制度建设，同时在2020年3月，人民银行、发展改革委、财政部、银保监会、证监会、外汇局联合印发了《统筹监管金融基础设施工作方案》[②] 指出了金融基础设施的安全及效率挑战和加强的要求，这两份政策文件都从国家级层面分别强调金融数据保护和金融基础设施的合规要求。对于大型传统金融企业来说，经过多年不断深入的企业治理，一般都拥有较为全面的法律约束、行政监管、行业自律、机构内控、社会监督在内的治理体系和对金融风险全覆盖的防控能力。同时，在数字化转型阶段，也具有较为成熟的内部技术能力，根据监管机构针对个人金融信息（个人身份信息、个人财产信息、个人账户信息、个人信用信息、个人金融交易信息、衍生信息等）和个人生物识别信息（指纹、人脸、虹膜等）相关的信息鉴别要求进行合规操作。随着数据成为国家的基础性生产要素，信息安全和金融数据基础设施的相关规定和要求会更加全面也更加复杂，大型传统金融机构如果能够发挥自身积累的合规经验将这些信息安全操作规范整合在数字化转型项目中就能够达到事半功倍的效果。对于金融科技的初创企业来说，这些国家级和行业自律的合规需求会在无形中增加项目的管理成本，从而增加在独立价值环节上挑战传统金融企业的难度。

传统企业在多年的运营中积累了大量知识产权和软件专利，无论是过

---

① http：//www.cfstc.org/jinbiaowei/2929436/2975867/index.html.

② http：//www.gov.cn/xinwen/2020 – 03/06/content_5487618.htm.

去的研究报告还是开发的系统标准，这些都是传统企业在数字化时代的重要软资产，但使用这些软资产而取得竞争优势并不是一件容易的事。一方面启动专利保护需要法律程序和相关证据，另一方面金融行业商业模型的多样性让专利保护显得较难实行。

面对数字化时代的挑战，传统金融企业需要审视自身的既有优势，寻找将自有优势应用在数字化战略的基础上，保护自有优势不会在合作中消失，但更重要的是，不被自有优势束缚。首先管理层面对的问题是理解为什么过去十几年的战略在数字化转型中可能不再有效。

金融企业管理层制定战略八步骤

金融企业管理层制定的战略一般包括以下八个步骤：

图1　金融企业管理层战略

数字化时代的重要特征就是数字化能力呈现哑铃化分布，头部企业能够通过数字化转型迅速抢占新市场空间，尾部企业由于失去大量市场和客户因此日益边缘化，在这个过程中传统企业的战略可能失效，因为战略实施的八个步骤都在不同程度上受到挑战。

从波特五力模型分析，在数字化时代，传统金融企业面对的挑战来自价值链的不同环节。初创的金融科技企业有很多选项，可以选择价值链里面最具有吸引力的环节切入市场，同时还可以选择完全不同于传统金融企业主流技术的科技解决方案。这些来自跨行业的竞争对手对于传统金融企业的管理层来说很难分辨，这些新进入者的商业模式是什么，这样的模式是否可能成为主流。

另一个原因，传统战略很难在数字化时代奏效是因为这些新型的竞争对手擅长解体然后重组价值链，可以巧妙地绕过传统金融企业花费多年心血设立的护城河而直接提供针对特定环节的替代产品。传统意义上的价值链开始失效，新的市场开始形成，传统企业的舒适区迅速消失。最后，从市场分析，传统企业的管理层通常会较为忽视边缘市场，也就是目前没有被现有服务覆盖的市场细分。过去由于成本过高或者回报太低等原因，这些市场的确不值得行业内的龙头企业过多关注，但数字化时代的颠覆的确从这些市场边缘开始。新进入者或者大型科技企业迅速通过连通科技平台，移动平台和金融数据平台接触并且为这些非主流市场的客户服务。由于这些市场的边缘地位，这样的战略定位使新进入者避免了和龙头企业直接竞争，甚至还可以互相合作。

金融行业的数字化转型过程可以创造价值也可以消灭价值，这完全取决于市场的需求发展和竞争者互相的地位。消灭商业价值是一种特殊但并不罕见的竞争模式，当一家初创企业能够通过新型科技极大地降低整个行业细分的成本，从而使这个行业内现有的竞争对手无利可图从而退出市场，新进入者就成功地消灭了商业价值。在金融服务行业，这样的案例很多，从早期的信用卡优惠比较网站到最新的免佣金电子券商，这些新进入者更多地通过牺牲了有限的商业价值从而迅速积累了客户体验价值和平台价值。

金融行业的数字化转型过程也可以重组价值链，迅速形成新的市场空间。产生这样重组的原因很大程度上来自科技发展的推动，尤其是大数据和人工智能这些已经在科技领域广泛使用的技术。金融企业的技术吸收和整合能力通常比科技企业慢几个月甚至几年，在这期间客户已经对相关的科技非常熟悉，因此会催促金融企业同样推出类似的服务，一个市场机遇窗口就对有准备的金融机构打开了。一般来说，数字化准备到位的金融企业能够比竞争对手更早推出相关服务从而抢占市场，但目的并不一定是盈利，很多时候，提高客户体验，拓宽品牌优势在新的市场空间中的地位更加重要。拥有数字化战略的金融企业可以在敏锐地发现并且抢占这些市场空间的同时，打破原有的市场边界，从固有的"红海"竞争迈入"蓝海"竞争，这样差异化的竞争能力正是数字化转型的最终目的。

金融行业的数字化转型过程也会受到科技进步很大的影响。根据波特五力模型分析，如果科技发展对成本降低或者产品差异化产生决定性的影响，那么科技就会影响竞争优势。金融企业在制定数字化转型战略时，需要考量科技在整个战略中的作用和前沿科技可能对创新或者规模产生的影响，这种影响可能是积极的也可能是消极的。第一种可能性是企业的战略主要借助于前沿科技，前沿科技的发展会进一步加快企业战略的实施，但实施的项目成本可能提高。例如人工智能在股票资产组合中的分析能力会随着人工智能算法的改进而越来越精确，因此有利于股票资产组合的数字化战略，但新一代的人工智能引擎可能基于云计算平台。第二种可能性是企业的战略主要借助于前沿科技，但前沿科技的发展并不会让企业得到相应的规模效应，因此企业的数字化竞争优势会日趋标准化，也未必能够长期维持。例如人工智能 RPA 在财务部门的应用，即使 RPA 的引擎不断更新，对于财务部门来说处理一个既定工作流程的时间从 1 分钟降低到 30 秒的边际效应就很有限了，而且行业内的其他竞争对手会迅速采用同样的设计，因此，这样的项目更适应数字化转型战略的早期。第三种可能性是前沿技术的使用会导致科技供应商关系的变化或者将来进入该领域或者退出的壁垒大幅度提高。想象一下，如果企业的数字化战略主要需要的科技服务商是同一家，那么此间的供应商关系就会影响未来的战略实施；如果该科技服务商决定进入金融科技领域，那么传统金融企业的数字化转型不但受到威胁而且在无形中培训了未来的竞争对手。类似的情况是当企业的云计算战略锁定了固定的科技供应商并且能够获得极其优惠的条件时，未来如果竞争环境变化了，那么企业的退出及数据迁移成本是否会很高？但反过来说，如果科技供应商的要价极高，只有行业内少数龙头企业才能承担，那么是否意味着使用此类技术平台的门槛就很高，在无形中加强了企业自身的护城河？这些问题都是战略的一部分，却又未必和金融企业自身的业务直接相关，但企业的管理层必须综合考虑这些问题对未来数字化竞争能力的影响。

金融企业的管理层在制定数字化转型战略中关注最多的未必是本行业内熟悉的竞争对手，而是新进入者和替代产品。金融行业新进入者最常用的战略是"去中间化"，通过新型技术方式颠覆现有的价值链尤其是渠道和配送环节。正如当年新进入者颠覆旅游行业一样，新进入者针对的是金融产品的分销商和实体店，而不是整个价值链。随着越来越多的传统金融机构和商业银行制定全渠道战略，新进入者颠覆分销渠道已经算不上新闻了。

渠道具有互相替代意义，但并不是竞争优势里的替代产品。当不同的产品或服务能够提供既有产品相同功能就被称为替代物，是竞争优势的体现。由于金融产品的可塑性很强，金融服务的灵活性也很强，因此替代物的功能很多时候并不一定完全相同，可以宽泛可以简单，主要驱动力是客户需求。传统金融企业最常见的认知偏差在于没能及早识别金融服务环节中的通用功能和可替代性以及已经出现的客户需求转变，这样的认知偏差导致在市场趋势发生变化，替代物开始抢占市场份额的时候，传统金融企业出现后知后觉没有作出及时反应。

面临这么多挑战，传统金融企业通常采用防守型战略，立足于既有的资源和品牌优势继续依靠传统项目管理模式推动自身的数字化转型项目，但这样的战略并不能达到想象中的目的，主要有以下四个原因。

第一，由于传统金融企业固有的高效运营模式导致基层经理过于信赖并依赖大量人工操作和判断。尽管从上至下的高管和数字化转型团队努力推动并且很快取得了进展，交付了新产品或者新流程，但由于基层经理的犹豫不决，很多时候只是部分实施数字化流程，不仅没有直接产生 DOV，反而导致了内部怀疑的声音。第二，由于从上至下的期望值过高，从而导致项目团队过于关注结果而忽视了数字化转型在使用过程中的经验累积和部分改进。传统金融企业一般很少会采用最新的前沿科技，虽然人工智能和大数据在市场上已经有很多先例，照搬先例也许可以缩短开发时间，但并不能就此认为可以取得一样的效果。数字化转型的早期项目必须和自身的商业模式改进匹配同步推进。第三，传统金融企业不可能像初创企业那样能够快速转型。很多情况下，一个小型数字化转型团队虽然能够高效运转迭代交付，但期望整个企业的其他部门立刻也快速跟进似乎并不切实际，就像一艘快艇无法立刻带领整条游轮掉头，只能慢慢引导一样。第四，从宏观经济的角度看，过去十年基于美联储宽松的货币政策，全球各国央行的利率普遍非常低，低利率对传统商业银行的营收一向是负面消息。因此大多数传统银行对利率相关的宏观环境更加关注而不是数字化转型的实际效果，原因是数字化转型带来的有限收益 DOV 会迅速被宏观环境的改善或者政策变化所掩盖。事实上，根据奥纬咨询的统计，从 2013 年到 2018 年欧洲银行的营收减少了 3%，其中绝大部分影响来自利率和低迷的经济，虽然同期在大型数字化转型项目中的投入也增加了 5%。[①]

共生协作，价值支撑战略

金融行业已经变得更加模块化，从银行到资管，客户可以选择不同类型的服务供应商，不同方式的传输渠道，行业壁垒不断被打破，可能不再

---

① Oliver Wyman – The State of the Financial Services Industry 2020.

需要银行，虽然银行业仍然会存在。

传统金融企业需要崭新的数字化战略，能够结合自身优势，能够创造商业价值，能够重塑商业模式的战略。这里我们将这个战略称为"共生协作，价值支撑"。

如果把企业想象成一个生物体，每一个部门就像不同器官承担不同职责的同时也有自身的需求，每一个项目在为不同部门造血供氧的同时也需要消耗一定的营养（资源）。数字化转型就是将这个生物体内生物机能指数级升级的过程，让大部分器官都能够受益并且大大提高机能的同时互相支持配合的程度更高。随着外部环境的变化和客户需求的变化，数字化转型能够及时获得信息，不断迭代增强与之相关的器官能力，最终各个器官共生合作的同时，创造了 DOV。

每一个数字化项目未必都会对企业的数字化转型起到决定性作用，但都应该创造自身的 DOV。再小型的项目都应该设定明确的 DOV 导向，就像每一个分子都会创造能量，小型项目的周期短见效快，大型项目虽然效果显著但也许需要更长时间。数字化转型有关的项目，每一次发布的更新都应该像外科手术一样精准，事实上，数字化转型的主管经理应该亲临第一线观察发布的效果和用户反馈，无论这些用户是内部还是外部。数字化转型有关项目的迭代周期应该更短，每天更新每周发布并不是什么新闻，不仅是开发周期，与市场和监管机构的沟通也应该更快更频繁。

数字化时代外部因素对企业的战略影响更大，例如当前的新冠肺炎疫情暴发时具有很强的冲击力而治疗前景又具有很强的不确定性，企业的管理层在制定数字化项目的设计和执行顺序上就需要考虑和外部环境的共生和协作。正如同生物体的每一个细胞，每一个分子都在创作能量的同时能够适应外部环境，每一个数字化项目都能够创造短期价值同时提升企业在外部不确定性因素下的长期差异化竞争能力。基于人工智能的虚拟客服机器人能够很快为疫情期间大量客户咨询服务，同时能够在中长期时间不断创造降低成本的 DOV，因此符合共生协作的意义；由于疫情期间人手不足而直接将尽调业务外包虽然能够在短期创造降低成本的 DOV，但也许未必能够达到差异化竞争能力提升的目的；疫情期间是否启动预算中的区块链或者 IoT 物联网项目就更需要仔细考量这些项目是否能够及时和内外部环境共生协作，这些项目是否能够在短期创造价值，在长期提升差异化竞争能力。

共生协作的生物体战略从投资方向和项目选择开始，包括数字化的基础设施建设，动态数据流通建设，DOV 标准建设和部门级别数字化样板。

正如同生物体的健康生存和发展需要良好的周边环境，数字化转型的战略基础是拥有完善、安全、具有弹性的 IT 基础设施建设。这里的 IT 基础设施建设不仅是传统意义上的数据中心或者网络升级，还有云计算平台和 IT 部门的操作流程。作为科技驱动的数字化转型，IT 部门一般需要提前为企业的其他战略设计做好准备，因此对 IT 的投入必不可少。完善的企业级基建平台应该能够提前预估前沿科技所需的数据存储量和响应速度，同时提升企业数据资产和主要功能模块的重复使用能力，这样的基建平台，一方面，具有前瞻性，能够快速整合前沿科技；另一方面，具有弹性扩展的能力，不会导致一次性投资过大。IT 部门同时也应该仔细审视目前的常规基建项目，尤其是为了满足现有系统的一般性维护项目，把有限的财务资源和人力资源从不产生 DOV 的项目中释放出来转而打造数字化的基础设施平台。

数字化转型依赖数据的连通和基于数据的微洞察力，这是共生协作生物体战略的造血能力。这里所需要的不仅是简单的静态存储的数据，而是能够动态连通能够支持企业各类数字化项目的数据收集分析和反馈能力。因此，简单的数据仓库甚至企业级的数据湖可能是这样的数据能力的组成部分，但更重要的工作是打通不同企业部门和功能模块之间的数据烟囱，让部门和主管级的高管能够运用数据分析的结果作出相应的商业判读。同样道理，对于数字化转型的早期小型项目，每一个项目都应该能够生成相关的反馈数据，在贡献 DOV 的同时，辅助数据的连通和微洞察力的建设，这也是共生协作的战略体现。

金融企业的内部项目纷杂繁多，很多时候来自不同部门的请求，来自不同主管的批复和针对不同客户群体的项目会呈现碎片化和过度投资的问题。在数字化转型战略中，首要任务之一就是能够建设并且推出合理一致的 DOV 衡量标准，统一管理判读项目的投资请求并且预估项目可能产生的 DOV。

DOV 衡量标准既不是简单的项目进度 RAG 状态汇报，也不是企业数字化的远景规划，而是立足于实际商业应用能够体现企业竞争力增强的价值体系。首先，这个 DOV 衡量标准应该能够适用于每一个转型项目，包括为了支持大型项目而启动的先期阶段性项目。共生协作的意义就是每一个细胞直到分子层面都能够创造价值，最小的项目，最简单的微调，都能够衡量出哪些更新发布更具有数字化的意义，哪些现有流程值得进一步数字化改造，哪些创新功能更大提高了客户体验，这些衡量标准不但确认了数字化转型的路径，同时也为管理层调整资源投入方向提供了依据。

其次，数字化转型项目初期设计可能会较为抽象，需要的团队协作也较多，合理一致的 DOV 需要包括财务模型，这样才能做到衡量商业价值的目的。简单地汇报项目的资源配置和推进速度只能了解静态的资源消耗和未来预估的投产发布时间，不能达到衡量商业价值的目的。DOV 的财务模型需要对内透明，各种团队的资源投入都能够清晰明了地统一在同样的框架结构中，这样才能反映出商业价值或者成本价值，让高管层有的放矢稳步推进数字化转型。

再次，DOV 衡量标准的建设需要强调 OKR（目标和关键结果），每一个项目需要获得的终极目标是什么，每一阶段的关键结果是否印证距离终极目标更近。这样的 OKR 可以同时包括量化的技术指标或财务指标，但仅仅依赖简单笼统的描述就相对不具有说服力。同样道理，根据不同项目关键里程碑的时间表和 OKR 的量化指标，管理层能够很快获得当前所有数字化转型项目的总览和已经创造的 DOV，并且能够推导出在下一个关键里程碑完成时能产生的预期效果，从而决定是否继续投入或者调整方向。

最后，共生协作的战略需要跨部门的合作，DOV 衡量标准的建设可以有效描绘出整个集团管理功能的互相支持互相协作的过程，这个过程有助于了解数字化转型在不同阶段的主要对象部门和所需的管理支持，避免部门级的重复投资。

共生协作，价值支撑战略需要能够落地，例如，面向企业内部流程的数字化转型项目的成果就需要能够在部门级层面运用并且达到预期的效果。对于金融企业来说，比较高效合理的数字化对象部门是后台部门，例如财务、人事、法务，甚至后勤部门。这些后台部门一般具有较大的财务预算自由度，数字化转型重点流程的设计和塑造的弹性范围较大，而同时又拥有大量需要更新的内部流程。两者相结合，部门主管和企业的管理层都需要加强这些部门的数字化转型力度，而数字化转型的效果是清晰可见的。后台部门的很多流程和数据连通方式一般都符合行业标准，借鉴性很强，因此市场上有现成的工具和模块可以大幅度缩短开发过程。例如，OCR 识别，RPA 自动化，聊天机器人等都可以在较短时间内整合进数字化转型项目，迅速为这些后台部门达到降低成本的 DOV 目标。进一步地想象空间更大，财务和人事等后台部门的人力资源配置就会由大量基本流程化的技能向少数高端以判断为主，科技含量更高的能力转变，这样的升级正是高管层需要的数字化转型成功的重要依据。

"企业的竞争优势有开发、生产、销售、交付产品或服务等一系列基本运营活动构成，而运营效益是指将这一系列活动做得更好，也就是说，比竞争对手更快、成本更低、缺陷更少。

而战略定位是试图通过保持一家企业的独特优势而获得持久竞争力。这意味着它开展了与竞争对手不同的运营活动，或者以不同方式完成同类活动。

所谓战略，就是在企业各项运营活动之间建立一种配称。战略的成功，依靠的不仅仅是完成几件事情，而要完成许多事情，并对各项活动进行统筹兼顾。如果这些活动之间缺乏配称，战略也将失去独特性和可持续性。如果这样的话，高层管理者只能又去做监管各个部门这样相对简单的工作，此时运营效益又将决定公司的业绩。"[1]

数字化转型战略的频谱

根据金融企业在数字化转型不同阶段，我们还可以将它们分为四个不同类别：转型成功，初期试验，谨慎扩张，保守观望。

表1　金融企业的数字化转型

类别	数字化程度	管理层介入程度	竞争优势	企业文化
转型成功	● 核心业务模块能够依据动态数据作出判断和响应 ● 不同部门不同功能的数据能够连通共享 ● 大规模使用移动通信平台连通客户和企业内的管理系统 ● 人工流程不断被自动化流程取代	● C级别高管深入介入 ● 能够随时作出相关预算和资源配备的决策 ● 跨部门项目有效管理协调	● 初步利润指标验证数字化转型后相关营收增长；成本下降 ● 拥有核心数字化业务平台 ● 成功发布基于前沿科技的项目成果 ● 成功推出面向机构客户的数据连通接口 ● 移动App应用	开放创新

---

① 迈克尔·波特《重塑战略》。

续表

类别	数字化程度	管理层介入程度	竞争优势	企业文化
初期试验	• 后台业务模块开始逐渐自动化 • 数据连通的基础设施开始上线 • 大规模使用移动通信平台连通客户和企业内数据 • 人工流程开始被自动化流程取代	• 部门级别主管 • 有计划向 C 级别高管定期汇报 • 预算和资源配备决策仍然根据传统投资周期 • 单个项目管理	• 数字化项目开始交付并且创造商业价值 • 内部数据连通可以有效驱动管理层决策 • 数字化产品开始在主要机构客户中安装使用	小步快跑
谨慎扩张	• 数字化创新实验室 • 通过人工手段连通各部门之间数据 • 移动平台主要推送现有信息	• 个别部门级别主管负责 • 部门级别预算和个别创新项目投资决策	• 试验性数字化项目成果交付	缓步推进
保守观望	• 缺乏数字化项目开发和设计平台 • 缺乏数据连通的意识 • 主要关注运营效率	• 零星个别的创新项目投资决策	• 缺乏数字化成果	守成不变

客户至上，创新驱动——平安集团的数字化生态建设战略[①]

中国平安集团是中国最大的金融集团之一，总资产超过 8.2 万亿元人

① https://www.mckinsey.com/featured－insights/china/building－a－tech－enabled－ecosystem－an－interview－with－ping－ans－jessica－tan.

http://www.pingan.cn/about/management－team.shtml.

http://www.pingan.com/app_upload/images/info/upload/0e024a50－922f－4f9d－994a－4d2a475d362b.pdf.

http://ir.ocft.com/home/default.aspx.

https://www.sohu.com/a/163201776_675237.

http://www.xinhuanet.com/tech/2020－04/22/c_1125890603.htm.

https://finance.sina.com.cn/money/insurance/bxdt/2019－10－25/doc－iicezzrr4898162.shtml.

https://pacloud.obs－cn－shanghai.pinganyun.com/about%2FIDC%20MarketScape.pdf.

民币，拥有个人客户数超过 2 亿多人，互联网用户数量超过 5.34 亿人，即使在新冠肺炎疫情期间用户数量和业绩仍然在不断上升，在 2020 年第一季度取得营运利润 359 亿元，同比增长了 5.3%，名列 Brand Finance2020 全球最具品牌 500 强第 9 位！中国平安不仅大，而且强，因此中国平安的战略和管理方式不断受到业界的关注，"战略上要勇于探索追求企业现有范围以外的价值……中国平安集团向我们展示了这样勇于探索的精神有很多不同表现方式。这个中国金融巨头企业（探索）走出一条建设生态系统之路。自 2013 年，平安集团的业务范围就开始逐步拓展到核心保险业务以外，并且收获了 5 亿多在线用户，打造了跨越不同行业板块的 11 个新型数字化平台，保险经纪人数超过 140 万人，而且他们都使用集团自身开发的数字化工具和应用程序"[1] ——麦肯锡咨询出版的有关数字化转型的畅销书《高速时代》中将平安集团的战略作为榜样案例研究。

从大量公开的访谈和企业年报中也许可以看出中国平安集团的数字化战略框架。以中国平安集团 2020 年第一季度的季报为例，在短短 33 页的幻灯片中，"客户"出现了 20 次之多，远远超过"运营"和"管理"这些年报常用词汇，甚至比"利润"出现的次数更多！以在美国纽约证券交易所上市的平安集团旗下金融壹账通为例，其 2020 年第一季度的报表"customer"出现的次数远远超过"management""strategy""profit"等常用词汇。如果仔细阅读这些报表的内容，不难看出平安集团对"客户"几乎执着痴迷的研究和企业文化，客户至上也许是平安集团数字化战略的重点。

具体来说，平安集团在数字化转型的过程中努力从各个不同层面和角度打造高效，关联和配称的客户体验，不同公司的数字化项目都是围绕这个战略实施，衡量价值的方式简单明了。例如，平安产险的"510 城市极

---

[1] Arora, Arun. Fast Times: How Digital Winners Set Direction, Learn, and Adapt.

速查勘"项目能够让查勘员 5～10 分钟到场，客户零等待，不仅追求速度更体现极致的人性化服务，因此迅速成为爆款产品。又例如，平安集团旗下平安好医生在新冠肺炎疫情期间开通各省市抗疫义诊专线，免费提供新冠肺炎咨询和疫情防护指导，平安好医生旗下互联网医院也成为首批开通湖北省医保在线支付的机构，率先实现"医疗＋医保＋医药"三医联动。平安好医生的 App 新注册用户量在疫情初期增长了 10 倍，被央视《新闻联播》评价为数字经济代表企业。

平安集团的另一个重要战略配置思路是创新驱动。在过去的十年中，平安集团的科技投入超过 500 亿元，拥有 2.9 万名研发人员，科技专利申请累计超过 12000 项，如此强大的科研实力让平安集团可以开发自主知识产权的人工智能，云计算平台和区块链等技术。根据全球著名的信息技术咨询供应商 IDC 有关"中国金融行业云及服务 2018 年厂商评估"的报告，平安集团旗下的平安金融云和阿里云，腾讯云，华为云等一起置身于"领导者"类别。

因此平安集团的数字化生态系统向外扩张的战略也是围绕着客户至上和创新驱动的思路进行的。平安集团的联席 CEO 陈心颖在接受麦肯锡咨询时谈到，向外扩张的数字化战略首先需要管理层能够识别生态系统中能够为客户创造价值的关键领域，行业经济板块固然重要但汽车，住房和健康这些和客户的金融生活息息相关的领域通常是关注焦点。同时，创新驱动更像是一种企业文化，平安集团一方面要求项目团队能够达到目标，创造商业价值；另一方面每年的目标又会根据市场潜力和发展速度重设，上年的目标和业绩并不是第二年成功的保障。

2019 年初，平安集团更改了品牌标识，由原来的"保险·银行·投资"变更为"金融·科技"。平安集团的创始人和董事长马明哲也在元旦致辞中表示："我们更新了集团的品牌标识，将'金融·科技'更加清晰地定义为平安的核心主业。面向未来，我们要在确保金融主业稳健增长的基础上，继续加大科技投入，强化'金融·生态'建设，不断巩固和发展我们的核心优势，力争以更好的发展。"可以预见，平安集团的战略对标也许会从国际金融机构转型为科技含量更高的金融科技集团。

第四章

数字化转型项目设计

从竞争的角度来讲，价值是客户对企业提供的产品或服务愿意支付的费用。价值通过总收入来衡量，反映在企业产品的价格和出售的产品数量上。若企业获取的价值大于创造产品涉及的成本，则企业是盈利的。[①]

数字化转型的核心原则是能够创造可衡量的"企业数字化价值"（DOV），因此金融企业数字化转型的项目设计需要尽量考虑和企业战略目标对齐，能够创造更多的DOV，简单来说：

1. 这个项目的商业价值能够衡量，项目完成以后其交付物能够符合企业数字化转型的战略要求。如果是直接通过数字化产生商业价值的项目，那么其交付物可以获得客户的认可并且客户愿意为此支付费用。同样道理，如果这个项目能够降低成本，那么其交付物也能够获得内部或者外部客户的认可。虽然在数字化时代，这个费用有多种不同形式，但应该能够量化。根据这个项目产生的商业收益能够最终反映到财务报表上。

2. 这个项目的设计能够有效提高客户体验，提高客户黏性，使企业的产品和服务更具有竞争力。客户体验的提高最终能够确保企业在相关市场的份额上升，品牌知名度上升，降低客户流失或者迁移的动力。不同项目的交付物在客户体验方面的价值也不相同，因此项目设计过程需要考虑最终数字化的交付物的差异化功能，例如可以让客户自己定制界面，即刻付费即刻开通，降低不必要的流程等。

---

① 迈克尔·波特——竞争优势。

3. 这个项目的设计有助于打造企业的数字化平台，让内部或外部客户互相交流形成强大的网络效应。无论是一个细小的功能更新还是新型的网络协议，项目团队在设计完成的同时也能够确认最终衡量网络效应的方式，例如用户活跃程度或者产品推广等。

4. 这个项目的设计有助于企业在数字化转型过程中控制风险，提高合规效率或者增强和监管机构的有效互动能力。如果项目的主要用户是监管机构，那么时效性和准确性就是主要衡量因素；如果项目的主要用户是外部用户，那么产品的合规性和市场占有率就是主要衡量因素；如果项目的主要用户是内部用户，那么用户反馈和运营效率就是主要衡量目标。

数字化时代带来的成本结构变化的确使大量金融服务的门槛降低，价格也随之下跌，甚至出现大量颠覆性的免费服务；但金融企业不仅是简单地提供低价服务，而是能够满足对科技认知不断加深、对数字经济日益熟悉的客户需求，提供独特的产品或服务能够使企业通过差异化竞争收取更高的费用。

从甲方客户角度来看，金融企业数字化项目设计的差异化因素主要包括两点：提升甲方数字化业绩表现和通过数字化降低甲方实际运营成本。对于金融企业的机构客户来说，他们同样面临数字化时代的挑战，因此几乎有类似的 DOV 商业价值考量需求。如果金融服务供应商的产品能够有效帮助甲方加快推进整合数字化的商业模式，那么这些企业不一定需要通过降价打动客户。对于零售用户的道理也相通，数字化时代的时间和精力有限，零售用户越来越把银行作为一种金融服务而不是一个具体机构看待，所谓"金融常在，银行不再"[①]，因此，如果银行提供的产品或服务能够提升便捷性、可靠性，降低用户处理日常银行信息的时间成本和机会成本，甚至让用户拥有迅速学会理解较为复杂的金融产品的能力和渠道，这样的

---

① Brett King – Bank 4.0.

项目就能够给用户带来大量额外的 DOV，个人理财的行为和机构企业在追求便捷可靠这一点上是相通的。降低甲方实际运营成本就更加直白了，最简单的解释就是甲方购买金融服务供应商的产品或者服务能够有效降低自身的人工需求，那么即使这项服务价格较高仍然会对整体的运营成本降低有帮助。对于零售客户也一样，如果银行的收费服务能够降低家庭其他日常开支那么它就是值得的。例如，很多银行让零售客户选择手机应用 App 开户支付每月房贷从而可以获得较低的贷款利率，为了降低整体贷款利率支出，客户也非常愿意承受转移现有银行账户的额外开支。

具有 228 年历史的美国道富银行数字化转型设计思路[①]

"美国道富银行宣布裁员 1500 人以降低成本"彭博通讯社的报道让所有金融从业人士倒吸一口凉气，美国道富银行成立于 1792 年，已经有 228 年的历史，是美国最大的金融集团之一，尤其还是全球第二大的托管银行。这则新闻时间是 2019 年 1 月，和新冠肺炎疫情毫无关系，但却是作为传统金融企业代表的美国道富银行数字化转型的重要一步。

根据彭博通讯社的报道，1500 人的裁员大约占道富银行员工总数的6%，主要集中在成本偏高的波士顿地区。然而，在这则新闻背后却是道富银行通过强调产品设计理念而不是简单的系统更新理念进行数字化转型并且取得大量成果的事实。

----

① https：//www. waterstechnology. com/awards－rankings/3470121/aftas－2017－best－cross－asset－trading－initiative－state－street－global－markets.

https：//www. cio. com/article/3403667/at－state－street－design－thinking－drives－digital－strategy. html.

https：//www. bloomberg. com/news/articles/2019－01－18/state－street－says－it－s－laying－off－1－500－workers－to－cut－costs.

https：//www. wsj. com/articles/state－street－cio－sparks－culture－change－around－problem－solving－11553804876.

在华尔街日报的一篇采访中，道富银行的新任 CIO Antoine Shagoury 谈到"我们不得不请同事从日复一日的工作中走出来，将他们请到另一间会议室敞开探讨哪些事情是他们一直想要的但从来没觉得能够实现。然后，在同一间会议室有另一些同事擅长倾听。"作为行业的传统金融企业，道富银行的管理层需要数字化的技术驱动未来商业表现，虽然内部团队使用前沿科技做出了一些实验性质的项目，但一直面临如何能够规模化创造价值，如何转型。

道富银行的数字化转型团队找到了一个合适的方案——给实际运营部门的同事讲故事。这个看似简单的方案却能够有效地让运营部门的同事了解企业的数字化战略，了解能够让运营部门同事得益的产品特征和未来的产品愿景。核心宗旨是强调打造数字化产品而不是过去根深蒂固的 IT 升级项目。随着这样的故事在商业部门大受欢迎，道富银行的新任 CIO 迅速打造了一支包括几百个科技人员的核心团队，以全新设计思维推动产品的开发。

例如，将内部同事的工作流程通过"用户画像"的方式展现出来，然后回答"解决问题的对象是谁？"随着这样的画像不断积累，其中的共性被提取出来作为数字化产品的设计方案，根据另一篇访谈，在第一年道富银行就开发了将近 90 个这样的"用户画像"。同时，大量界面设计和用户体验设计人员，甚至图形设计人员合作开发流程图，不断强化终端用户对新产品的特征和功能的认知程度，更重要的是能够直观显示出数据的流向和外部客户对数据的接驳渠道和访问方式。随着早期数字化产品的成功推出，道富银行的大型数字化资产交易平台 Iris 推出并且赢得金融行业科技类别年度大奖。"今年，我们着力设计平台的用户体验，进一步增强系统功能从而能够处理从交易到结算的整个生命周期。这样的系统的确精简了流程，让我们能够以更少的人员处理更多的交易，同时让我们能够更好地为来自全球其他地方的交易流量做好准备。"

裁员的消息虽然总是能上新闻，数字化转型的设计思路却从来不是以裁员为目的，体现 DOV 的数字化转型战略实施才能让传统金融企业具有长期竞争力。

从连通和渠道的角度进行项目设计可以增加差异化水平。虽然新兴金融科技企业比较擅长针对价值链中的特定环节进行替代或者重组从而获得竞争优势，但从客户角度价值链依然存在，从开发到整合到营销到支付到服务的流程只是覆盖了更多的参与者。因此传统金融企业可以通过对客户价值链的影响加强客户对价值链的掌控能力，从而降低成本或者为客户更快增加营收。如果甲方在考虑与金融科技企业连通，而且需要重新开发并且开放 API 接口，而与传统金融企业的接口已经存在多年而且是行业标准，那么传统金融企业数字化项目设计的关键是找到新一代 API 接口的优势并且迅速填补，而不是费尽心力地取代新进入者的全部价值链。项目设计同时还需要考虑渠道的整体成本，包括交付的融资成本和未来的客服成本等，将这些甲方可能面临的成本挑战列表并且找到可以降低成本的数字化解决方案，就可以进一步提高差异化水平。

为了能够达到差异化竞争而进行的项目设计还需要注意差异化陷阱问题。这个问题在数字化转型中经常发生主要表现为系统功能过度开发，尤其是项目团队对客户的了解出现偏差以偏概全地过于执着开发测试自身产品的独特功能而客户却并不能感受到这些功能带来的价值。这样的项目设计会产生两个问题，一是由于独特功能的完善过程耗时过多导致开发成本过高可能不得不因此提高定价，从而削弱了降低客户运营成本的优势；二是新进入者更容易提供几乎相当却未必完美的相应功能获得市场大多数客户的支持。总之，了解客户真正对于产品功能的需求和因此产生的价值机制是设计的关键。

数字化转型项目的设计首先需要敏感全面的综合思考。敏感的含义是对企业自身和客户运营环境的数字化转变积极了解，深刻理解，并且能够反映在产品或服务的设计中的能力，不仅包括客户需要什么功能，还包括这些功能对客户未来的数字化运营环境有什么积极影响。其次需要价值优先的动态交付能力。这里的价值包括企业自身的 DOV 和客户能够受益的 DOV 与为了支撑这些价值的关键细节功能和质量。在整个项目设计过程中，新型科技的使用并不绝对重要，人的影响才是最重要的因素，新型科技并不会自动颠覆金融行业，只有当具有创新思维的人运用这些新型科技设计出颠覆性的产品或服务时，金融行业的业态才会随之改变。

打造数字化用户三部曲

既然金融数字化产品或服务的关键是用户，那么我们就从简单的"用户画像"开始：

1. "用户画像"的基本信息一般包括年龄层次，收入分配，支出分配等这些所有金融机构产品经理都非常熟悉的内容。数字化用户的基本信息还需要考虑三个重要因素，数字化收益、数字化痛点和数字化使用环境。数字化收益指当前产品能够从什么角度提升该用户的幸福感，虽然幸福感和痛点的说法略显主观，但不妨碍"用户画像"能够突出数字化价值的关键实现形式。

2. "用户画像"的体验信息，包括用户怎样将看到和使用到的数字化功能转换成自身的感受。这里的体验信息对企业内部用户也同样重要，尤其是关于降低成本 DOV 类型的数字化转型项目。项目团队从用户流程出发，而不是主观判断，可以更好地推导出用户的核心顾虑、希望和隐忧，当然也可以了解用户对未来产品或服务的期望。具有共情心和同理心的产品经理通常更加能够准确把握用户的体验信息。

3. 锚勾设计未来用户使用习惯。根据"用户画像"和当前的用户生态系统，项目团队探索能够最有效触发用户使用数字化功能流程的触点，并且以此触点为锚勾设计用户行为和获得的回报从而形成闭环。

这三部曲完成以后，项目团队可以基本描绘出基于数字化价值的未来用户场景画像，产品特征可能只是让用户完成某个特定流程，但数字化价值可能体现在用户最终目的是可以在社交平台分享此时的心情，项目设计的核心不再是静态的客户需求而是动态的"此时此刻数字化产品能够赋能用户做什么，又能够提升什么体验"。

打造数字化流程微循环三部曲

金融产品或服务不会独立存在，周边的系统生态环境是决定项目设计的重要因素，根据不同系统生态选择最适合的设计方案和交付路径是打造数字化用户的重要方式，这里就需要项目团队迭代更新，探索打磨最佳方案。

1. 项目团队和系统专家共同头脑风暴描述可能存在的所有系统流程和路径方案，分别列出优势和劣势，用户的舒适区和学习区，资源的需求力度和强度等。

2. 打造贵宾式最小化可行产品作为原型然后进行生态系统测试，测试的结果反馈给设计团队，重新理解并观察，然后迭代更新贵宾式最小化可行产品直到确保产品和生态系统能够高效共存。贵宾式最小化产品就是让项目团队的主管级人员直接与某一个单一用户互动不断观察产品在生态系统中的表现并且提高最终用户体验的过程。这样的迭代能够在短时间内提高整个项目设计团队的认知从而清楚验证预想中的数字化流程是否有效或者是否一定能提高用户的 DOV。

3. 矩阵描述解决方案中未来数字化价值的实现效果。经过不断的微循环，项目设计团队可以总结出有效而且需要继续深化的流程模块，有效但不需要深化的流程模块，无效的流程模块和没有设计到但能够辅助产生

DOV 的流程模块。

守旧文化和驱动伙伴

数字化转型很多时候是一种自我颠覆自我创新的过程，过去十几年都高效运营的商业模式需要被打破，企业员工习以为常的工作流程需要被重新界定，上下游供应商可能被替换或者直接消失。对于数字化项目团队来说，创业思维当然是转型项目的理念，但关键是他们并不知道新流程新模块新架构是否能够完全奏效，是否能够创造预想中的商业价值 DOV。

管理层需要创造一个宽松的创业文化环境，避免数字化项目团队陷入守旧文化的陷阱。作为传统金融企业，现有系统运营良好，操作人员高效，财务结果也相当不错；虽然"野蛮人"等新型科技的创业企业在蚕食市场，但从内部来看，金融企业的守旧文化可能会相当强大，主要表现为以下三点：

1. 主要管理层对新型商业模式不屑一顾，过于依赖财报结果作出判断，而忽略边缘市场用户拥抱新模式而开始转换的事实。这样的惯性思维导致数字化转型项目团队掣肘很多，难以推进类似的新型模式。

2. 主要技术人员对现有系统和自身能力过于自信，不认为新型技术会对企业发展产生巨大的冲击，因此更希望转型团队能够根据现有标准小幅度更新而不是大规模创新。几乎所有传统金融企业都有自身过硬的技术团队，赢得他们的尊敬一方面需要初期速胜项目，另一方面需要高层的支持。

3. 人才断层导致缺乏冒险精神和动力，即使有些市场细分已经面临颠覆，企业管理层也无法在短时期内让不同部门有效连通，因此转型团队有力使不上。

这些守旧文化听起来很熟悉，但大量传统金融企业也成功创造了宽松的创业文化环境，其中最有效的方式之一是由外向内的创新驱动伙伴。驱动伙伴能够提供新型思维和不同见解，但他们并不会成为直接或者间接的竞争对手：

1. 大学、科研院所、行业协会和智库。这些机构的主要业务都是以学术研究为主，很少会直接投入商业运作，因此不会成为竞争对手；但这些机构都对行业发展和科技发展非常了解，具有前瞻性。一个行之有效的方案是鼓励高级主管在业余时间参与这些机构的研讨，不但能够获得不同见解，也能了解新趋势和替代产品的方向。金融企业可以为这些机构提供研究经费、数据和专利权的使用，也可以提供与转型团队合作试验新产品的机会，这些都能够鼓励双方合作共赢。

2. 战略合作供应商和客户。这些并不是普通意义上的供应商和客户，一般他们和金融企业具有长期的合作，有相当程度的利益捆绑。作为交换，金融企业可以合作共同研发新型商业模式然后共享分成商业收益，也可以签订长期协议价格为上下游供应商和客户提供固定的营收预期。金融企业需要的是供应商伙伴能够共同承担创新转型过程中的研发风险，甚至提供资金参与研发；对于战略客户来说，最重要的就是能够承担初期转型项目试错的风险，例如，提供"沙盒"环境或者在周末共同测试的时间窗口。

3. 风投资本和创业企业。这是一个相当巧妙的创新驱动伙伴，传统金融企业的既有资本优势和庞大的体量对于任何创业企业都很有吸引力，并不是所有创业企业都在试图颠覆现有价值链，有时候互相竞争的创业企业就是传统金融企业的创新驱动伙伴。对于这些创业企业来说，获得传统金融企业的数据支持能够大大加快研发进度，而且降低潜在研发风险；对于风投资本来说，为旗下企业找到传统金融企业作为合作伙伴意味着退出机遇，即使为之投入自有资本也很值得和行业巨头合作。

当然，在实际操作中，金融企业可以多头并行，为数字化转型团队寻找合适的驱动伙伴，借外来友善的创意弥补自身守旧文化带来的不足。

数字化设计的七种武器

创新驱动的外部伙伴能够带来很多创意，但具体作出解决方案仍然需要金融企业内部的数字化转型项目团队。面对不确定的需求，企业内部的规范和巨大的管理层压力，下面七种工具能够帮助转型团队的创新设计过程。

1. 企业内部的创新"沙盒"或者创新实验室。直接隶属于高管层的创新"沙盒"对数字化转型团队具有重要意义，他们不但可以在这个安全可行的空间里面探索试验新型科技和商业模式，而且还拥有一定的预算，不需要过多担心企业内部的规范。创新"沙盒"的优点是可以在没有具体数字化转型项目的时候开发数字化转型需要的技术规范、接口和其他辅助部件，不但能够在数字化项目初期加速设计进程，而且能够为模块化设计提供测试环境。

2. 转型项目团队与核心基层用户共同设计，彼此成就。核心基层用户对目标数字化功能具有较高的理解，而且也是主要受益人，因此作为项目的核心利益相关人应该是项目团队的成员。但这里需要更加推进一步，由于数字化转型项目的模块涉及现有商业流程，因此核心基层用户能够准确描述现有流程和未来需求的 SLA 即服务水平要求，这样的信息对于设计的准确性以及合理性都很重要，避免过度开发。

3. 反用 WBS 设计数字化平台。项目经理和产品经理都非常熟悉 WBS 工作流程降解方式，WBS 能够帮助产品经理把抽象的项目范围降解为可执行的单个任务，从而排列进项目进度表，是常用的设计工具。在数字化转型项目中，项目团队可能需要考察不同最终数据的源头，不同部门工作流程的最大公约数，不同产品之间的共享模块等这些重要的节点，然后分析这里面的数据连通可能性，从而得出数字化平台需要的主要参数和性能需求。这样反向的 WBS 思维可以帮助产品经理迅速锁定数字化平台类产品的范围，力求速胜，同时为多个下游客户提供数字化转型的机会。

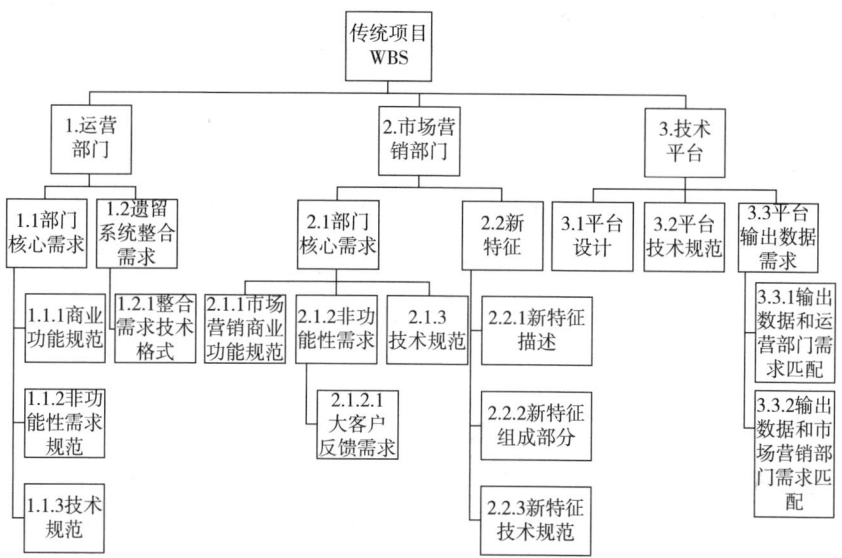

图1 传统项目 WBS 开发方式

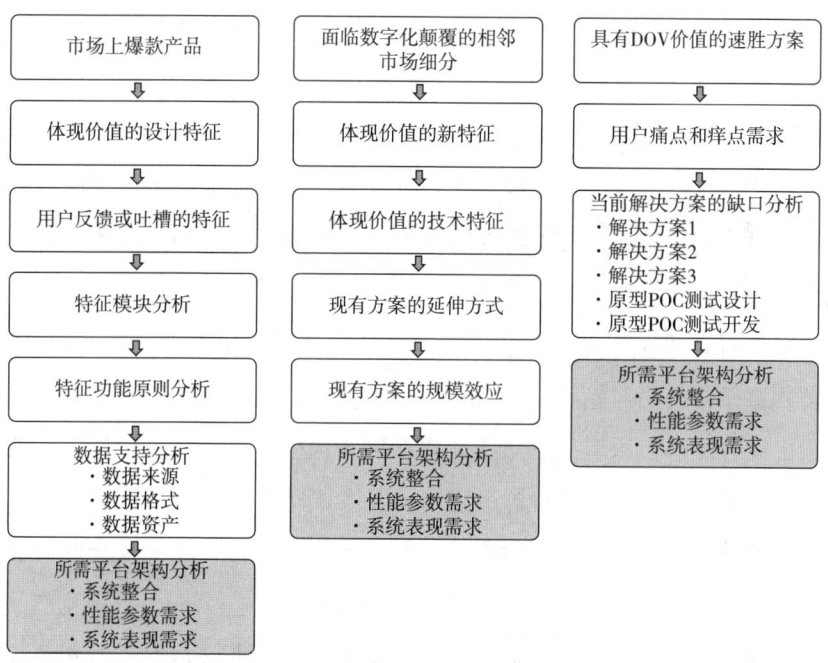

图2 数字化转型项目反向 WBS 开发方式

4. 九宫格的产品路线图。这是一个常用的工具，在一个九宫格里面用横向方格描绘出过去，现在和将来的系统状况；用纵向方格描绘出从主系统到各个子系统的渐进过渡进程。这个工具的主要用途是向项目的利益相关人解释系统复杂程度和时间进度之间的关联，当然如果系统足够复杂可以将矩阵不断扩大，重点是能够让利益相关人支持渐进的设计和实施方案，认可计划中每一个时间里程碑的交付结果。

表1　九宫格产品路线

项目	过去形态	当前形态	未来形态
数据存在方式	纸质文件、传真等	电子文件	数据流传输
数据系统	人工输入数据库	连通的企业级数据库	基于云计算平台的企业级数据湖
商业价值体现方式	人工沟通 人工处理	自动生成报表 远程登录获取信息	人工智能流程机器人处理

5. 界面设计先出线框稿。线框稿又叫 wire frame，是与界面有关的产品早期概念设计的重要工具，一般这样的低拟真系统可以直观呈现产品的设计，包括界面上主要信息，排版，互动的区域，用户所见即所得可以加速设计的确认。但线框稿不包括产品后台的数据和其他动态呈现所需的引擎和接口等，比较适合与手机应用有关的界面设计，但不适用于大型平台或者人工智能驱动的分析过程。

6. 产品原型又叫 POC，能够模拟一个产品或者服务的完整用户体验，完整的意义就是用户能够与产品互动，能够体验正确的数据呈现，能够据此指出设计缺陷。原型一般只能加载有限的数据，也不具有规模效应或者系统性能要求。在数字化设计过程中，开发团队需要和内部或者外部不同的商业用户共同探讨产品的功能特征和技术规范要求，预先规划时间和资源以敏捷开发的流程设计 POC 具有两个重要的优势。第一，数字化产品具有一定的抽象性，POC 可以有效帮助开发团队和商业部门的利益相关人及时测试对产品功能的期望值和预想，更加有效精准地确认体现 DOV 的核心特征和模块以及相关技术要求。第二，前沿技术的使用需要符合产品设计的构想，产品设计的功能又需要在很大程度上依靠前沿技术实现，这就对开发团队的技术应用能力和掌控能力提出了很高的要求。POC 能够为开发团队提供一个试错的机会，同时能够迅速找到技术能力的缺陷和不足在项目早期就作出弥补，同时也可以发现前沿技术的限制和不足以及和现有技术工具整合的方式。麻省理工斯隆管理学院的研究人员发现，在实际操作中设计开发多个原型产品往往比单个原型产品更能够测试出用户反应和潜在问题。例如，一种被称为"疯狂8个"的原型创作过程就需要团队在固定时间内为同样的问题设计出 8 种不同的应对方案，目的是让不同背景的团队成员分别通过头脑风暴产生多元化的思路，然后团队成员共同讨论最佳思路并且以此开发出原型。类似这样的原型创作过程能够在项目早期筛查出关键问题和体现用户价值的重点，以极低的开发成本确认产品设计方向。[1]

7. 最简可行产品，或者称为最小化可实行但不完美产品 MVP，这是精益创业作者埃里克莱斯的核心理念。最小化可实行的关键在于可实行可用但不一定是最终解决方案，它的目的是用最快的方式，以最少精力完成开发—测试—认知的反馈循环。[2] 数字化转型项目的早期 MVP 有助于探索前沿科技，性能要求，质量和设计之间的关系或者矛盾，在金融企业内部统一对产品设计的理念和认知。

数字化转型项目团队一般都拥有很强的技术背景和多年的实际运营经验，对企业面临的挑战和数字化转型的蓝图也胸有成竹，然而传统金融企业仍然有很多老员工，数字化转型也需要不同背景部门的主管支持，因此在启动设计之前，也许有必要梳理一下思路，做几次内部的工作简报。这

---

[1]　https：//sloanreview. mit. edu/article/making – it – easier – to – manage – and – scale – digital – projects/.

[2]　埃里克莱斯——精益创业。

样的简报形式可以比较随意，主要目的是让不同层次的同事都能够了解数字化转型的框架路线图和设计团队即将采用的设计思路和工具，用来和不同部门沟通的报告模板等以获得必要的支持。

数字化产品设计基于客户体验但不是基于客户服务，这两个概念并不相同。客户服务是一项标准的商业活动是被动态的流程，一般只有当客户有问题需要服务才会被激活；而客户体验则不同，这是一个更为宽广的概念，是客户和企业产品或服务接触过程中旅途式的感受，其中包括客户服务。产品设计需要防止另一个陷阱就是开发完美的客户服务功能，这是危险且过时的思路。在数字化时代，客户的体验要求是通过聊天机器人回答问题，是通过智能投顾建议新的投资组合，是通过基于高速网络自动交易的电子交易系统，而且基本都费用极低。这些体验要求表现为更流畅的界面，更简洁的流程，更高效的交易，更透明的收费，更安全的隐私保护，这些都是数字化项目的设计基本要求，因为它们都能够创造并且提高客户体验价值 DOV，其中客户服务只是一种表现形式。

价值明显，精准不易——传统金融行业 AI 客服的巨大应用市场[①]

全球著名咨询公司奥纬咨询在 2019 年发布了"人工智能在金融服务业的应用"报告，其中明确指出人工智能驱动的虚拟客服机器人将成为银行和传统金融企业的重要关注领域。随着数字化进程的深入，传统金融企

---

① https：//www. sohu. com/a/379056093_116132.

https：//www. oliverwyman. com/content/dam/oliver – wyman/v2/publications/2019/dec/ai – app – in – fs. pdf.

https：//help. aliyun. com/document_detail/60453. html？ spm = a2c4g. 11186623. 6. 542. 201355feYwDmnDfile：///C：/Users/larry_000/Downloads/b0210745a6e14a4050ca24b8d19c59ed. pdf.

https：//www. iyiou. com/p/57218. html.

业不断推出符合市场需求的新型数字化产品，然而与这些新产品一起到来的还有大量客服问询电话，这些问询电话可能只是极其简单的服务型问题但金融企业却不得不因此面临日益上升的客服人力成本。传统金融企业的品牌效应和口碑非常重要，因此客服质量的好坏直接影响客户的留存或者新产品的推广，AI 虚拟客服机器人就成为众多金融企业的不二选择。目前 AI 虚拟客服机器人已经能够独立完成一些基本的客服要求，也能够直接执行与之相关的指令为客户直接解决问题。

美国美洲银行的 AI 虚拟客服机器人"Erica"就是其中的代表。截至 2019 年底，"Erica"已经拥有 700 万用户（美洲银行的手机应用装机量总数是 2700 万用户），能够理解超过 50 万个不同客户服务类问题，而且还能够执行一些标准化的客户服务指令：锁定或者解锁借记卡，安排一个面对面的客户服务会议，提醒用户账单到期，信用记录和分数的内容，跟踪消费记录并设定付账日期，为用户处理付款纠纷等。

从设计思路上看，类似"Erica"这样的 AI 虚拟客服机器人开发团队需要考虑的问题来自以下几个方面：

● 主要任务和功能——和商业银行的客服机器人相比，产品推广和投资建议类的机器人显然需要不同的设计方案。

● 合法合规的指令执行边界——如果客服机器人只是根据大数据的分析回答问题或者提供建议，实际变更指令还是需要人工客服操作，那么实际 DOV 成本价值也许不高；但是如果客服机器人需要执行指令为客户的账户或者资产组合作出变更，那么设计团队需要仔细咨询相关监管规则。

● 信息提供方式——通常客服机器人会通过文字或者语音的方式与客户互动，语音识别还需要人工智能自然语言处理的技术，设计团队需要综合考虑边际收益和效应。

● 客服机器人的形象处理——例如机器人的性格设定，品牌效应和聊天风格等是否与金融企业数字化战略相符。

根据北京金融信息服务公司鲸准数据的统计，目前中国大约有 500 万全职客服人员，如果以年平均工资 6 万元计算，再加上硬件设备和基础设施，整体规模约 4000 亿元人民币的市场。按照 40% ~ 50% 的替代比例，并排除场地、设备等基础设施以及甲方预算缩减，大概会有 200 亿 ~ 300 亿元规模留给人工智能客服企业，客服机器人的需求量在 10 亿个左右。

在 AI 虚拟客服机器人市场迅猛成长的时候，早在 2017 年阿里集团旗下的阿里云事业部就正式发布了一款智能会话客服机器人"云小蜜"，据官方介绍这是基于阿里集团著名的淘宝"小蜜"虚拟助理机器人，是面向阿里集团之外市场开放的人工智能产品。根据"云小蜜"官网在 2020 年 6 月的最新介绍，"云小蜜（BeeBot）是一款基于自然语言处理（NLP）、自然语言理解（NLU）、机器阅读等多种人工智能技术，提供智能会话能力的 PaaS 平台类产品。无须亲自掌握复杂的 AI 技术，仅通过简单配置，您就可以使用云小蜜创建自己的会话机器人，并将其部署在不同终端上（如网站、移动 App、智能硬件等），为您的客户提供服务。"

"云小蜜"这样的 AI 虚拟客服机器人只是阿里集团的一个数字化项目。在 2020 年 3 月支付宝合作伙伴大会上，支付宝母公司蚂蚁金服的 CEO 胡晓明宣布"金融科技必须要从原来单纯的金融支付，向数字生活服务转型。"随即支付宝 App 应用界面设计改版，在首页第一屏增加了许多服务板块，包括外卖、美食/玩乐、酒店住宿、市民中心等入口。首页下拉之后，还有抗击新冠肺炎专题、由饿了么提供服务的外卖到家、由口碑提供服务的超值团购等卡片式板块入口等。支付宝要升级成数字生活开放平台，打造服务业数字化的"新基建"推动线下服务业加速变革。当然，如果支付宝的用户有任何客服问题，在"我的客服"界面里可以和虚拟客服机器人打交道，只不过这个机器人的名字叫作"支小宝"。

第五章

数字化转型项目执行和管理

透明的我们和看不见的竞争对手

哈佛商学院的经典教材把项目管理的基本流程总结为四个步骤：计划、搭建、实施和收尾。项目经理一般需要根据项目范围计划出预算和基本的时间表，然后开始搭建项目资源团队；在项目进行过程中项目经理可能会根据进展情况修正预算和时间表直至项目的最终完成和总结收尾。[①]

表 1　项目管理的基本流程

计划	搭建	实施	收尾
确认项目要解决的问题、目标、范围、任务	确定需要的资源	执行任务，追踪进度，控制预算	评估结果，交付使用，交接给运营团队
制订项目预算和计划	搭建团队，分配任务，分配预算	例行汇报，修正计划	结束项目，解散项目团队

在数字化转型过程中，这样的经典项目管理框架是否仍然适用？根据经典的项目管理框架是否能够成功执行数字化转型项目并且创造 DOV？答案基本是否定的，原因是数字化时代传统金融企业的商业活动很透明，然而竞争环境变化很快，我们并不知道竞争对手在哪里，照本宣科并不能帮助项目经理积极主动地完成数字化转型项目，反而会导致资源浪费和管理层的焦虑。

---

① HBR Guide to Project Management.

任何项目的起点都是确定项目范围，然后通过 WBS 方法将其降解为可执行的任务分配给项目团队成员执行。在数字化转型项目中，确定项目范围是一件困难的工作：如果根据某个主管领导的意志或者项目经理本人的认知去确定项目范围，虽然可能符合企业当前的需求，但确定的范围可能略显主观而且未必与市场趋势相符；如果对标新进入者如金融科技企业的产品和服务确定项目范围虽然可能更加切合客户需求，但又未必符合当前金融企业自身的内部能力。预算是另一个大问题，虽然金融企业的数字化转型拥有高层主管的支持并且积极深入参与，但金融企业的财务预算周期一般相对固定，大型上市企业的季报和年报都会披露营收和开支情况，过多的预算降低资本使用效率，过少的预算无法有力支持数字化转型需要的资源配置。

项目经理的上层主管急切需要项目时间表，下层项目团队无法获取有效信息来作出项目计划书，数字化项目的开始就显得困难重重。

微型共生虚拟社区和 RACI 模型

项目经理需要一个全新的思路解决这个难题，切入点是项目利益相关人（Stakeholder）。从战略上看，金融企业的数字化转型的确涉及从商业部门到监管部门很多内部和外部的人员，但从具体项目的范围上考虑，项目利益相关人是有限的。项目经理要做的第一件事就是思考哪些人会影响这个转型项目的执行，哪些人又需要提供资源，哪些人能够从项目完成中得益，项目创造的 DOV 直接或间接帮助推动了哪些企业内或者市场上商业环节的数字化进程？这些项目利益相关人组成了一个微型共生虚拟社区，在这个社区里面项目经理可以更加高效地讨论当前项目的商业本质和 DOV 实现的方式，对于利益相关人来说，他们也更愿意在这个共生的社区内解释目前没有被满足的需求和市场需求的轻重缓急，微型共生虚拟社区可以让所有利益相关人在感觉安全和互助的氛围下高效率讨论。高效因为不需要过多重复解释专业术语和行业常识，没有废话和套话；完全因为这样的社区成员目标一致，利益一致。这样的微型共生虚拟社区还能够促进不同利益相关人之间思想的碰撞，有利于项目经理寻求共性和最佳解决方案和路径。

建设微型共生虚拟社区的工具有很多，从简单的微信群组到企业内聊天室，因为简单所以搭建方便快捷，几乎不需要任何企业 IT 部门协助。项目经理甚至应该在项目启动前就开始筹建这样的社区，激活社区内共生互动的讨论从而梳理出数字化转型项目的商业本质和核心需求。项目经理需要事先制定会议记录的模板，记录社区内头脑风暴的结论和主要论据并且分发给相关项目团队人员，确保这些讨论能够沉淀下来。微型共生虚拟社区的利益相关人随着项目计划的确定可能会发生变动，项目经理应该积极主动作出调整，既不会浪费有关人员时间，又能够保持社区的活力。

当项目经理获得足够的信息就可以开始根据 RACI 模型和反用 WBS 方法来构建数字化转型项目的具体范围。RACI 模型是英文 Responsible, Accountable, Consulted and Informed 的缩写，是一项经典的项目管理工具，可以帮助项目经理细化每一利益相关人在项目执行中的角色，包括外部利益相关人，从而确定职责：

1. 责任人（Responsible）：负责执行项目任务，能够具体解决问题。在数字化项目中，责任人包括商业部门的核心基层用户，他们可以提供具体的需求和实际操作水平要求，项目开发团队负责制定技术规范和系统开发，面对客户的市场营销团队负责测试市场反应等。

2. 签署人（Accountable）：在项目任务执行完毕以后，同意并且签署确认任务执行的结果符合要求。在数字化项目中，签署人包括商业部门主管，面对客户的主管当然也包括项目经理本人。

3. 咨询人（Consulted）：在项目任务执行中能够提高指导性意见的相

关领域专业人员或者技术架构和规范的制定团队人员。在数字化项目中，这个角色其实至关重要，项目范围的实际应用细节需要商业部门的专业人员确认是否可行合规，项目范围的实际技术应用需要咨询架构团队是否能够和现有系统匹配，是否符合行业规范等。

4. 通知人（Informed）：通知项目进展和结论。在数字化项目中，如果高层主管关心进展，那么常识上就是通知人；如果高层主管直接深入介入，那么就是签署人，职责完全不同。

反用 WBS 确定范围

一般 WBS 方法工作分解结构能够在项目主题已经确定的情况下，按照既定的原则分解成不同任务，任务再继续分解成具体工作，具体工作还可以分解为个人可以执行的日常活动，直到项目团队成员认可该日常活动清晰明了可以开始工作为止。这样降解方式优点是职责清晰，同时又可以显示各项工作之间的联系，但缺点是需要主题确认明确否则这个因式分解就无法进行。因此，可以尝试反用 WBS 方法来倒推确认项目的范围和主题。

第一，对标市场上现有的替代功能或者新进入者的服务提供的实际 DOV，据此倒推自身企业的一线商业部门所需要的系统和工具，然后倒推这些系统和工具所需要的数据和平台，最后得出数字化项目的主题聚焦范围。第二，假设数字化项目建设已经完成，那么最终结果应该是怎样的，包括了哪些功能和要素，这些功能和要素的来源是现有的还是需要新建的，从而找出数字化项目的核心模块。第三，如果内部或者外部客户已经在相邻市场细分中享受先进强大的数字化服务，而且实际 DOV 非常清晰，那么如果假设这些类似的数字化服务移植到当前目标市场，终端用户是否能够获得同样的数字化体验？如果可以，那么这些数字化服务需要的上游功能是什么，需要哪些系统模块互相连通，又需要哪些前沿科技？这样的反向合并能够有效帮助技术团队组合出数字化解决方案的架构。

铁三角到动态五角星

由项目的范围目标，资源目标，时间目标组成的铁三角是经典项目管理的主要框架，这样的铁三角能够作为相互制约的约束力确定项目能够在有限的时间内创造特定的产品服务或者成果，这也正是项目的定义。其中范围目标包括最终产品或者服务的细节和能够创造的商业价值，资源目标包括财务资源和人力资源等企业有限的资源，时间目标主要指完成所有任务成功交付的时间跨度。铁三角的限制条件因此也被称为三项约束，项目经理的主要职责就是管理权衡这三项约束，如果项目的范围目标扩大，基于铁三角的限制条件，资源目标和时间目标也应该随之扩大。

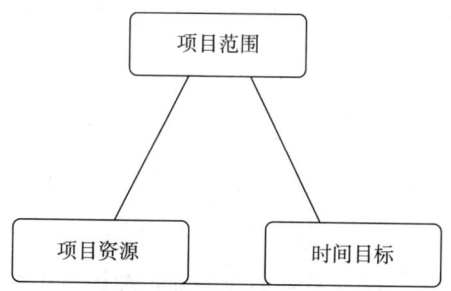

图1　铁三角模型

金融企业数字化转型项目具有自身的独特性，因此项目经理也需要一个全新的思路作为项目管理框架。

第一，数字化转型项目很多情况下具有颠倒的前沿科技应用周期。传统项目是先确定商业需求然后确定相应的科技资源，然而在数字化时代，像人工智能和区块链等新型科技的出现和广泛运用推动了商业模式的转型，使得原本不可能或者不经济的算法和商业模式成为现实可行的方案，科技发展倒逼商业模式的更新。这样的颠倒应用周期对数字化转型项目管理方式提出了挑战，资源目标需求扩大的同时范围目标无法锁定，时间目标更加无法确定。

第二，传统金融企业作为强监管对象很可能与新兴的金融科技竞争，而这些新兴企业更多是以科技公司出现的，因此传统金融企业的数字化转型产品或服务在市场竞争中面临监管错位的问题。由于监管机构大多数时候是以企业主体作为监管对象，当金融科技企业颠覆了价值链中的某一个环节而并没有打造整个基础设施的时候，监管机构需要时间了解并更新监管规则。在这段监管窗口的空白期，传统金融企业的数字化转型产品或服务可能必须等待批复，然而新兴金融科技企业已经迅速抢占了市场份额，导致项目管理铁三角的时间目标失去了实际意义。

第三，传统金融企业内部拥有传承多年的质量规范标准，即使数字化转型项目也需要确保内部合规，与此同时数字化转型项目的质量要求和传统项目可能完全不同。云计算和人工智能的出现可能在大幅提高工作效率的同时，需要人工辅助完成标准范围以外的离群值或者无法处理的孤立案例。如果按照铁三角的约束限制和企业现有的质量标准，这样的项目可能需要数倍的资源达到极其有限的边际效应增长。

应对挑战不能一成不变，项目经理面对金融企业数字化转型这些要求需要更新现有的铁三角框架，增加相应的约束条件和动态调整的能力，聚焦于 DOV 的不断实现，用新型模型执行并管理数字化转型项目。我们把这样的模型称为动态五角星模型。[①]

如图 2 所示，将铁三角扩展为五角星，增加质量要求和监管合规要求作为约束条件，将这两个约束条件纳入项目管理体系系统一管理。

作为一个数字化转型项目，如果质量要求不能达到商业运营的水平要求，即使项目团队能够完美交付也无法在金融企业内上线运营。如果项目团队过于执着质量要求从而不断延展质量目标，就会导致其他约束随之扩张，并在项目管理的层面上迅速显示出来。

---

① 这个模型为本书首创，可以理解为基于经典项目管理模型的升级。

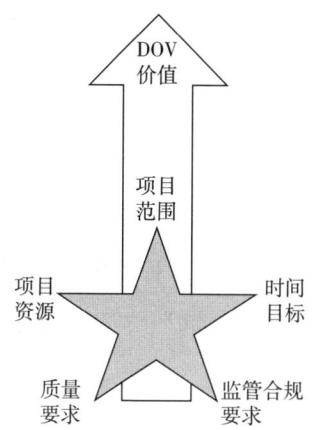

图 2　五角星模型

1. 同时考量数字化项目的质量和商业功能。在数字化项目执行过程中，明确项目设计中的哪些功能和特色是必备的，能够增加 DOV，同时哪些是辅助功能但会对最终产品运营产生影响的，还有哪些功能是备用或者可选的，这些考量都是非常重要的。如果核心功能的质量不能达到要求，那么项目的范围和时间必须作出修正以确保既定目标能够实现。

2. 考量数字化项目的系统性能。在早期的微型共生虚拟社区中，项目利益相关人应该已经对系统性能和运营水平标准有过较为详细的讨论，包括系统的数据量和交易量这些技术话题也应该得到相应的论证。

3. 考量数字化项目的运营能力。数字化转型项目会涉及很多新型科技的使用和整合，项目交付后这些科技是否容易维护，金融企业自身是否具有这样的能力，灾难防护措施和方案是否测试评估通过，这些也都是和质量相关的问题，需要在项目管理框架下一并考虑。

增加监管合规要求作为约束条件同时将监管合规纳入项目管理体系统一管理。传统金融企业需要面对各类监管机构的规则和制度，项目团队一般需要根据企业现有的合规体系，将数字化项目中相关功能和内容提前报备批复。

现在这个五角星模型可以比较完整地体现金融数字化转型的项目管理模型。项目的范围目标（Scope），项目的资源需求（Resource），项目的时间表（Time），项目的质量要求（Quality），项目的监管合规要求（Regulation）能够基本覆盖金融企业数字化转型项目管理需要考虑的各种因素，如果其中一个因素发生变化，那么五角星的其他四个角也应该随之扩大或者缩小。下一步我们需要把这个项目管理模型放到一个动态价值体系里面考量如何在动态的项目迭代更新过程中，随着各种因素发生变化来确定项目是否为企业增加核心竞争力，是否创造 DOV 价值。

这里的垂直箭头设定为 DOV，包括直接通过数字化创造的商业价值，通过数字化降低成本的价值，通过数字化达到差异化竞争从而增加用户体验的价值，数字化平台价值和监管效率提高和风险控制的价值。项目模型移动的方式是，如果在迭代中实现了预期的 DOV，那么就向上移动，如果在迭代中发现无法有效实现预期的 DOV，那么就原地不动甚至向下移动。移动的重要原则在于每一次迭代更新都必须产生更多的 DOV，无论是哪一种类别的价值，但如果无法有效实现预期的 DOV，那么项目团队应该及时研究问题的原因和关键因素从而作出修改。

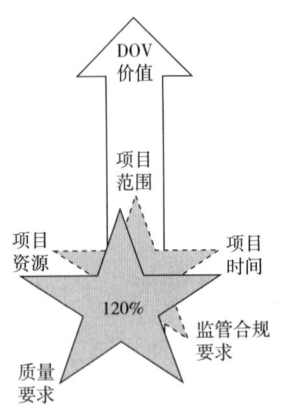

数字化项目由于额外质量要求增加20%
并且向下偏移的运动轨迹

图 3　五角星模型动态变化 1

现在我们就拥有了一个初步动态的金融数字化转型项目管理模型，这个动态五角星有两种运动轨迹。第一种是随着项目五种约束力的变化而放大或者缩小。如图4所示，当金融数字化项目基于额外的质量要求必须增加在开发和测试方面的投入时，整个项目的范围，所需资源和时间，项目对监管合规的要求都会产生相应的扩大；随着发布更新的推迟，DOV实现也必然随之推迟，因此整个运动轨迹向下移动。

第二种是随着DOV的实现而向上移动。如图所示，当金融数字化项目在新型技术的运用层面上获得突破，项目范围缩小50%，此时各种其他约束相应也随之降低，但项目DOV的实现指日可待，因此运动轨迹向上。对于项目项目团队来说，虽然原地不动的状态是客观存在而且可以接受的，毕竟不是每一次发布上线的功能都能立刻创造DOV，但关键是了解能够给数字化转型项目提供助推向上冲刺的企业级助推剂。

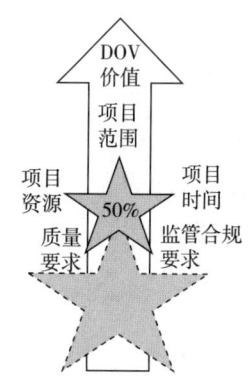

数字化项目由于新型技术的运用
并且向上移动的运动轨迹

图4　五角星模型动态变化2

三大企业级助推剂

1. 企业级数据是人工智能的助推剂。李开复博士在其著作《AI未来》

里指出，"在 21 世纪要建设人工智能超级大国，需要具备四个条件：大量的数据，执着的企业家，优秀的人工智能科学家和有利的政策环境"。这些条件对于大型金融企业推动人工智能项目同样适用，因为目前数字化转型中提到的人工智能大多数指"深度学习"，而这正是李开复博士论证目前人工智能最有潜力的分支。

"从本质上说，深度学习的算法使用了大量来自特定领域的数据，为想要的结果作出最佳决策。其方法是让系统使用这些输入的数据，训练自己识别数据和期望结果之间的关联性。当数据与期望结果直接相关时，这个流程就容易多了。然后，算法可以运用找到的这些关联性所累积的庞大指数（其中很多是人类看不到或觉得无关的），作出比人类更好的决策。"①由此可见，大量来自特定领域的数据是大型传统金融企业开展深度学习相关的数字化项目重要推力，项目交付的人工智能产品的质量取决于输入和训练识别数据的数量和质量，项目团队据此可以推导出质量水平和需求。

反之，如果初创企业不具备这样的数据能力，那么为了推出类似的深度学习产品或服务，它们要么和传统金融企业合作寻求数据分享，要么承受高昂的成本自建，否则人工智能产品的质量会受到限制。

2. 基于云平台的合作环境是企业级助推剂。"上云"已经不是什么新鲜话题，大型金融企业都有很多实践和内部的管理方法，但这里要强调的是与外部供应商或者金融科技企业合作的数字化转型项目的开发环境。根据技术模块在云端的深度，现在流行的云平台合作环境包括基础设施服务（IaaS），平台设施服务（PaaS）和软件设施服务（SaaS）等。这样的合作环境，最大的优点是能够立刻启动开发而不需要等待企业内部冗长的 IT 基础设施服务，像 SaaS 这样的平台还能够省却底层的技术堆栈直接开始应用的开发。基于云平台的开发环境可以让传统金融企业和合作对象免除硬件

---

① 李开复——AI 未来。

层面的对接烦恼，降低开发过程的成本，加速双方在同一个开发环境中的测试过程，尤其是对于面向 C 端客户的服务，这样的合作环境已经日益主流。

3. 多元敏捷的动态资源是企业级助推剂。传统金融企业内部在数字化转型初期的科技人才尤其是针对前沿科技可能非常缺乏，常规的招聘流程耗时长而且见效慢，这时候项目团队可以将科技人才看成一种动态资源而不是常规人才，具体来说有：自由撰稿人，众包和互荐平台等方式。自由撰稿人已经不是什么新鲜事，但对于很多前沿科技的编程爱好者，能够与传统金融企业合作数字化转型项目是相当具有吸引力的。众包和自由撰稿人不同，当企业在一个相对松散、开放、人员不固定而且迅速更新的网络社区获取服务的时候，众包就形成了。对于数字化创新的项目开发来说，众包最主要的优点是在开放社区中有时候能够获得出乎意料的解决方案，由于这样松散的社区人员多元化而且对特定主题都相当关注，因此在这个社区里的互动非常自然而且几乎不需要什么管理。但如果涉及开发那么在开放社区里如何进行质量管理又会成为难题，所以众包更适合于创意，验证假设和测试相关的工作，对于金融企业的数字化项目开发一般还是以自主开发或者商业外包为主。互荐平台是一种较新颖的主要帮助暂时下岗的人员通过朋友推荐在网络平台上重新上岗，这里的下岗人员具有科技方面的专业技能，因此只是由于各种原因暂时下岗。例如在新冠肺炎疫情严重的美国，大量专业科技人员被下岗与自身能力和表现无关，因此大量初创企业纷纷在类似 Drafted 这样的互荐平台上网罗这些科技人才。对于传统金融企业来说，这样的新型平台能够以较低的成本获得急需的人才，推动项目的进展。

敏捷开发，快速迭代，积小胜为大胜

大型金融企业的管理层对数字化转型的期望和焦虑一样迫切。竞争环境和价值链的改变，新型科技的出现和更新换代，创新的商业模式来自大型科技企业而不是熟悉的同行对手，这些外部客观环境的变化要求企业的数字化转型必须能够尽快创造 DOV 价值。

传统的瀑布式开发要求项目团队完成所有的功能设计和技术规范，通过评审流程，然后才能开始开发。这样的开发方式在数字化时代有四个严重缺陷。第一，当管理层和项目团队在仔细研究功能和技术规范的时候，金融行业内的数字化转型仍然在迅速发生，市场上竞争对手的新型商业模式以颠覆性的设计可能已经广受欢迎，从而让仍然处于研究阶段的功能显得过时。第二，前沿科技的变化和应用也同时在快速发展，随着时间的推移，一方面会给项目团队带来新的思路和解决问题的方法，另一方面也可能改变开发的技术堆栈和技术应用方式，让已经完成的技术模块显得过时。第三，传统金融企业内部的流程复杂，通常必须根据既定的项目计划配置相当的人力物力资源，当项目开发开始但需要调整这些资源的时候，项目计划的资源本身就成为了限制因素。第四，最重要的一点是，瀑布式的开发思路很容易催生大而全的思维，花费巨大资源整合各类数据却发现商业用户在免费使用金融科技企业提供的类似服务，耗费巨资打造监管系统却无法符合新型监管沙盒的要求，整个金融行业内这样的"大白象"式的项目层出不穷，瀑布式思维导向是其中重要因素。

回归商业竞争优势的本质和数字化转型的初衷，迈克尔·波特一针见血地指出："若从总体上把握企业的发展情况，将无法理解竞争优势。竞争优势来源于企业在设计、生产、营销、支付和支持产品等方面的诸多具体活动。所有这些活动都能影响企业的相对成本地位，为企业的差异化打下基础。"[①] 金融企业的数字化转型既不是一次大规模的系统升级，也不是用现有工作流程的电子化，而是使用新型科技对企业核心商业模式重塑从

---

① 迈克尔·波特——竞争优势。

而大幅提高差异化竞争能力的过程。传统金融企业在这样的实施过程中需要设计、开发、安装、部署、运营各类不同的应用程序，这些应用场景从后台的财务和人事部门到面对客户的产品推广营销功能各不相同，使用的科技组合也不相同，所以指望大而全的思维定式能够帮助管理层实现数字化转型的目标并不具有实际可操作性。

大型金融企业的数字化转型项目需要更加灵活，能够不断创造 DOV 价值的项目开发方式：敏捷开发，快速迭代，积小胜为大胜。

敏捷开发对大多数现代企业来说并不陌生。当项目的开发是基于用户的需求和不断的反馈，循序渐进，这样以项目开发人员和用户之间互动为主的开发流程就是敏捷开发的核心原则。在这样的开发过程中，一般项目团队把大项目分为一些不同模块，每个模块可以单独开发单独发布分别完成，在此过程中最终用户能够不断测试验证不同模块的结果。关于敏捷开发的书籍已经很多，这里我们更加关注敏捷开发在金融企业数字化转型项目中的特征和优缺点。

优点一，用灵活适应取代预设周期。金融企业的数字化项目需要前沿科技和商业模式改变这两者的配合，这样的匹配过程很多时候是以开放性思维发生的，未必有预设的公式和模板可以参考，因此是一个不断试错验证的过程。很多金融企业的用户甚至在看到项目团队的原型产品和科技能力以后才会提出更好的解决思路。对于不常用但复杂的商业流程，也许不一定值得花大力气整合进项目设计中去，这是目标范围的改变但却有利于及时提高认知获得最大项目收益。对于极其常用需要迅速自动化的内部流程，用户在匹配试错过程中也许会进一步拆分流程，用多个微型流程组合成解决方案。对于跨部门的复杂流程，用户在循序渐进的迭代更新中能够根据测试结果细化质量要求，有助于项目团队及时修补及时发布。

灵活适应的优点不仅仅在企业内部，在数字化时代，金融企业的管理层需要对整个价值链上的外部环境变化超级敏感。这种敏感体现在不断获取相关行业数据，不断和上下游合作伙伴思维碰撞，不断提高的数字化转型洞察力。管理层可能迫切希望将这样的洞察力整合到进行中的项目，或者某些市场形势的变化需要企业作出快速反应。金融企业的产品本质就是可塑性很强的无形经济产物，对于数字化转型项目团队来说，拥有这样快速反应的能力是必需的。

从竞争优势来看，这样的反应能力可以表现在三个方面：第一，灵活适应的开发方式可以在所有功能尚未完全之前迅速发布核心功能，强化在相应价值链上的现有竞争优势，提高护城河。第二，当新兴市场细分出现的时候，迅速发布初级产品抢占市场，通过市场接受的过程不断修正更新，和新兴市场共同成长。第三，当替代物出现，现有市场颠覆已经形成并且进入日落节奏的时候，通过发布产品更新，迅速收割市场避免被进一步蚕食，锁定既有优势下的商业利益。

优点二，落实数据驱动，而不是现有流程驱动。传统金融企业的规模庞大，很多相关的客户信息会存在不同部门不同系统中，流程驱动的开发途径不但重复浪费而且很可能陷入无休无止的数据反复核实中。另一个问题是衡量 DOV 本身也是一项动态过程，如果相关数据变动导致 DOV 迅速变小，那么项目团队应该思考是否这个价值环节已经面临颠覆并且作出反应。发布的产品在收到先锋客户的反馈数据时，项目团队应该努力将客户的意见统一设计；同理，如果客户反馈有更快捷的方式达到同样目的，这些需求也应该能够在下一次发布中体现出来。最后舆情监控的数据也需要能够及时反馈到项目开发团队。金融企业的产品和服务相关的话题在社交网络日益频繁，虽然大型金融企业都设有舆情监控系统，但如果与数字化转型产品和服务相关的舆情变化数据不能准确提供给开发团队，或者即使提供给开发团队也无法落实到功能层面，那么效果将极其有限。

唯快不破，超越颠覆

有模型、有助推剂、有合理的开发流程，现在是加快项目进程的时候了。快速执行、快速迭代、快速发布的同时项目团队要做到保证质量、符合监管、能够整合运营。虽然我们一再强调 C 级别的高管会深入管理金融企业的数字化转型工作，但在几十个复杂的数字化项目和动辄上亿元的预算面前，也许指派一位首席数字官能够为数字化转型提供必要的权威同时明确职责，对数字化项目的推进和管理全面负责。如果把数字化项目集群比喻为几十个速度推力各不相同的火箭，那么首席数字官就是这些火箭能够快速上升的总指挥。

高效领导

首席数字官（Chief Digital Officer，CDO）是近年出现的高级管理职位，主要职责是聚焦于数字化转型战略的制定，项目集群的设计执行和必要的调整，商业部门和 IT 技术部门之间的协调和沟通，确保数字化战略能够及时推进，DOV 能够及时体现。CDO 熟悉商业模型和技术架构，同时拥有战略意识和实战管理经验，能够很好地带领项目团队不断完成数字化项目，引领金融企业的数字化转型。因为 CDO 熟悉市场情况，因此能够聆听面向市场的商业部门反馈，并且根据这些信息提出相应的数据用来驱动数字化项目在商业模式方面的转型讨论；又因为 CDO 拥有较强的技术背景，因此能够聆听 IT 部门有关的顾虑或者限制，从而综合考虑解决方案的可行性；把这些能力集中在一位高管身上可以有效避免内部纷争，确保数字化转型项目相关决策的科学性和一致性。

同时 CDO 并不是一个技术经理，主要职责在于推动数字化转型的完成而不是无限扩大技术的覆盖面，因此思考问题的角度不是"我们要造什么”而是"市场需要的下一个数字化服务是什么"。作为高层主管，CDO同时能够面对机构客户解释企业的数字化转型战略，聆听客户的需求并且能够据此推导出项目的目标和范围。这种以客户需求为中心的思考方式，能够有效降低金融企业自建系统的复杂性，突出商业需求和DOV，整合商业部门和IT部门的力量。但在这两者之间，技术背景仍然更加重要。根据普华永道的一项调研，41%的CDO具有较强的技术背景，完全只是市场背景的CDO只占18%。①

和一个大型项目类似，CDO也不是运营类的角色。随着金融企业数字化转型的成熟，CDO也可能随着管理层对数字化认知的加深而逐渐被取代，因此可以说是一个临时性的角色。但我们仍然认为，在大型金融企业数字化转型的初期，一个富有经验具有技术背景的CDO可以有效加速项目推进。

卓越中心

与CDO几乎同时出现，为金融数字化项目加速推进执行设立的还有"卓越中心"（Center of Excellence）。卓越中心的出现是数字化转型过程中行业最佳实践的结果，众多企业发现，把不同背景、不同部门的专家集合在一起共同协作，能够有效加速人工智能和物联网这类前沿技术在商业项目中的应用。卓越中心的主要优点有两个，一是可以集合专业人士的能力迅速演示新型技术在商业场景中的实际运用从而确立对数字化转型项目的信心；二是可以根据自主创新和外界能力的实际情况建议项目的技术合作方式，例如外包还是自建的选择。

寻求潜在商业场景应用机会。这里的关键词是潜在，因为这些商业场景未必是显而易见的。当数字化项目的产品原型或者初期成果开始出现，

---

① https：//www. strategy－business. com/blog/Have－we－reached－peak－chief－digital－officer？gko＝2443a.

项目团队需要找到能够立刻应用的商业场景，一方面可以立刻开始创造DOV，另一方面可以在落地过程中演示数字化产品的能力获得更多基层经理的支持。然而既然是初期成果，显然还不能作为完整的方案发布，这就需要项目团队和CDO共同聆听基层用户和IT部门的想法，深入探讨应用场景的可能性，即使这个场景是暂时的或者只是最终方案的一小部分。和最终用户互动，多问几个问题，如"为什么这个流程是这样的""什么数据是目前需要人工计算获得的"，寻找不断重复或者客户抱怨集中的领域，从而探索小型短期速胜应用场景的机会。这样的互动环节需要项目团队人员具有相当的洞察力和丰富的实践经验，同时也需要基层经理配合，从现有遗留流程到未来流程的飞跃需要一些创业冒险精神，但这些潜在的商业场景应用机会可以积小胜为大胜。

美国 Intuit 公司的 RPA 卓越中心①

在金融数字化转型的技术工具箱里，RPA（Robotic Process Automation）流程机器人是当前流行的一款常用工具。RPA 是一种新兴的程式软体工具，能够模拟使用者坐在办公桌前按照预先设定的流程需要操作的重复作业。RPA 流程机器人开发完成以后，不需要经过特殊的硬件设备，就能在现有 IT 系统环境中自动进行重复性高但有逻辑性的操作，以流程机器人取代人工作业。

在致同会计师事务所（Grant Thornton）发布的 2019 年 CIO 问卷调查报告中，全球范围65%的 CIO 都认为 RPA 流程机器人是未来 3~5 年最具

---

① https：//www. forbes. com/sites/tomtaulli/2020/01/25/rpa – center – of – excellence – coe – what – you – need – to – know – for – success/#303f704c287a.

https：//www. wsj. com/articles/intuit – cio – be – strategic – about – the – bots – you – build – 11555005312.

"The Responsive State CIO：Connecting to the Customer – 2019 State CIO Survey" Grant Thornton，NASCIO, CompTIA.

有实质性影响力的新型数字化科技，超过物联网和区块链等热门技术。在同一份问卷调查中，83%的CIO一致认为RPA作为数字化科技能够提高（内部和外部）的服务能力，立竿见影解决实际商业问题，创造商业价值，其中主要的驱动力来自以下四个方面：

1.通过更快更准确的机器人操作，有效降低流程所需时间，提高用户服务水平；

2.降低出错概率，提高内部流程处理的质量；

3.降低运营成本；

4.将运营人员从低价值，高重复的繁重任务中解脱出来，从而能够更多注重高价值和战略性的项目类任务，提高团队士气。

美国Intuit公司是著名的财务软件公司，旗下的TurboTax软件几乎覆盖全美的软件报税市场。Intuit的数字化转型实践就包括创立RPA卓越中心，将不同背景的专业人员集合在一起协调推进，迭代更新，迅速取得了很多成果，《福布斯》在2020年初对Intuit的RPA卓越中心实践作出过专门报道。

以Intuit公司的财务部门为例，RPA卓越中心在项目初期就识别了两个能够速胜的流程机器人商业场景——有争议的信用卡退款流程和客户退货流程。当RPA流程机器人开发完成以后，有争议的信用卡退款流程所需的等待时间从一天下降到几乎可以即时处理，平均每个案子的流程节省745个人工时；另一个场景——客户退货流程的处理时间从10天下降到即时处理，平均每个案子的流程节省450个人工时，大大提高了客户体验同时让财务部门员工能够有更多时间处理复杂的案例。而Intuit公司与此项目相关的RPA卓越中心一共只有4个专业人员：1个组长负责开发战略和执行管理；1个商业分析师创立开发路线图，商业流程的分析和设计，投资回报率的计算；2个程序员负责RPA的设计，开发，测试和安装，同时还负责日常技术支持和不断改进。

2019 年 Intuit 公司的 CIO 在接受《华尔街日报》有关 RPA 卓越中心的采访时曾经谈到，这样的数字化卓越中心并非一蹴而就，在自身的数字化转型管理中也探索到一些重要的经验教训，例如：

- 数字化转型的卓越中心不应该由 IT 部门主导。商业部门的合作伙伴必须积极参与流程的设计和改进。富有经验懂行的商业合作伙伴能够积极指导开发团队识别关键环节和价值创造的方式，同时向 IT 部门的同事解释这些内部流程的复杂性和关联性从而找到合理高效的解决方案。

- 探索选择最合理的商业流程场景进行自动化，重塑整个流程而不是简单拷贝当前的人工作业步骤。诚然在这样的数字化转型项目中，最大的挑战是帮助每天负责运营的同事思考如何改进当前的流程从而能够符合流程机器人的开发使用方式，同时又不会需要完全重写整个商业规范。

- 确保数据的正确和完整，同时确保客户的私人数据使用方式合规合理。流程机器人在自动处理的过程中只能按照预先设定的商业逻辑运行，无法对涉及伦理和公义这些个案区分对待。

- 小而美的卓越中心。Intuit 公司的卓越中心人数少，专业性强，因此能够很好地聚焦财务部门的需求。过于求全求大的资源团队一方面带来开发管理的额外压力，另一方面也和 RPA 精简商业流程的原则不符。

- 培训商业部门用户自行开发简单的流程机器人。中国有一句古话"授人以鱼不如授人以渔"。RPA 的开发平台相对比较形象，商业用户可以尝试自行开发，各种不同功能的流程机器人能够从微观层面提升用户的工作效率，但卓越中心可以协助整理路线图避免重复开发。

- 跟踪完善开发成本和投资回报率的分析计算。对于卓越中心团队来说，统一整理基建、数据、开发和技术支持的成本核算对数字化转型项目具有极大的推动作用。对于商业部门的最终用户来说，重塑的商业流程带来效率提高的同时也释放了运营团队的"带宽"能够同时处理更多更复杂的流程，这其中的投资回报率也需要一并考量。

内部蓝军

对平台类的大型数字化转型项目坚持迭代发布的同时，项目团队必须不断从三个不同角度验证当前项目的方向是否符合数字化转型的行业趋势：潜在的外部颠覆者，未来的用户，创新的商业模式。无论是传统商业银行还是大型金融机构，都需要组织模拟潜在外部颠覆者的"蓝军"，当蓝军设计出可能颠覆当前商业模式，能够对价值链上重要环节形成颠覆的竞争方案时，数字化转型项目团队就需要考虑当前的大型数字化转型项目是否能够改变这样的竞争格局。设想一下未来的用户，拥有例如 5G 等强大通信能力和数百个不同 App 应用的用户，目前的大型数字化转型项目创造的 DOV 是否会过期？那么在可能过期之前是否应该迅速发布抢占市场或者收割市场呢？更进一步思考，如果大型科技企业忽然决定进军当前市场，利用自身巨大的数据优势和平台优势需要多久会形成颠覆式的商业模式？当前数字化转型项目的计划是否能够在未来的竞争环境中胜出？这些问题和答案会对大型数字化转型项目的时间表产生影响。

潜在商业场景的迅速应用和大型数字化转型项目虽然可能速度不同，但可以同时推进，在最快的时间内实现 DOV，在较长的时间内确保转型项目合理有效不会过期。

数字化部落群、战斗小组和转型办公室

敏捷开发，快速迭代的开发方式需要和传统 IT 部门内不同的资源互相组合。对于大型金融企业来说，IT 部门的文化是防守型的，核心考量是"一切正常"；从高效运营的角度来看，这个考量要求没有问题，因为 IT 管理层的 KPI 业绩要求的确和"一切正常"密切相关。但是对于数字化转型来说，这样的文化会拖慢项目的进度，新型科技的不确定性又进一步增加了 IT 运营的风险，虽然所有人都知道数字化转型项目很重要，但到了 IT

部门由于各种原因项目的进展开始迟缓，各种系统相关的问题都开始浮出水面，项目团队的焦虑和压力陡然增加。IT 部门虽然也希望和数字化转型团队合作，但缺乏有效的方法能够兼顾攻守平衡，让 IT 真正成为商业伙伴，而不仅仅是一个成本中心。

数字化项目部落是近年来一个比较新鲜的资源组合方式，对大型金融企业比较合适。部落（Tribe）顾名思义就是一群有相同项目职责的人在一起工作，这些人来自不同部门，来去很自由而且保留原部门的上下级隶属关系。数字化部落和敏捷开发团队相似但结构更加松散，来去更加自由，只是定时或者不定时开会联系，人数可以多达上百人，而一般敏捷开发小组只有数十人纪律性也更强。数字化项目部落的优点是更加灵活，不会产生额外的人员支出但却能够获得跨部门的知识和技能积累；缺点是过于松散，如果缺乏有效管理会导致产能低下或者随心所欲缺乏方向感。

数字化战斗小组（Squad）虽然也是自愿组成，但和项目部落不同，这样的小组一般规模较小最多十几人，具有相当紧密的合作关系，一般也坐在同一个办公室。战斗小组的目标通常很明确，就是针对一个或几个重要的核心产品模块，这些模块决定了差异化的竞争优势，因此具有很强的攻坚性质。这些小组的技术人员通常来自 IT 部门的精干力量，具有多年的经验，了解既有的规则和协议，拥有 IT 部门的信任，因此具有更高效的开发能力。以数字化应用 App 的战斗小组为例，除了项目经理（或者类似敏捷大师的角色），通常还包括用户界面设计师、数据工程师、数据科学家、API 连通程序员等新型的角色。数字化战斗小组的效率通常很高，能够在短时间内协作完成原型产品或者关键模块，缺点是把精干力量组合在一起攻坚对企业内部其他项目或者运营的影响很大，因此可能不具有持续性和规模效应。

对于数字化转型项目的项目经理来说，统筹规划按部就班地管理这些新型的资源组合也许并不是太大的挑战，难在如何领导攻坚，如何激励部落，如何把握航行的方向。数字化转型办公室（DTO）应运而生，相对于项目经理而言，DTO里面的成员更像突击队长，不但能够和队员迅速沟通快速推进，还具有很强的个人能力，经常能起到模范带头的作用。数字转型办公室不会很大，一般最多几个人但都是中层骨干，对当前企业的数字化转型具有近乎偏执的热情和执着，和所有相关部门的主管都有很好的人脉关系，即使大型金融企业这样的人才也不会很多，但他们在加速推动数字化转型的进程作用非凡。

首先，DTO能够塑造高效可行符合当前团队文化和资源组合的执行方式，具有号召力，能够统一思想，让部落群产生在松散自由的组合下仍然遵循一定的KPI取得实际进展和成果。其次，对于已经高效的战斗小组能够起到组织沟通，保证战斗小组能够获得其他部门的支持（或者是谅解）同时在高效的运转中不断寻求DOV的突破口，起到导航员的作用。最后，对于企业内部其他部门和当前运行的项目团队来说，DTO能够有效理解并且帮助团队将商业场景翻译为具体需求，同时说服商业部门使用最佳的技术解决方案。这样的DTO能够成为CDO的得力助手从而建立企业高层和项目团队之间的信息桥梁。

压力测试

数字化转型作为一个全新的项目类型，最佳资源配置组合方法在行业内并没有完美的答案也没有模板可寻，作为金融企业的主管也许有必要作简单的压力测试，举例如下：

1. 项目的财务预算是否能支持所有资源配置组合的峰值情况？虽然部落和战斗小组的人员理论上并不需要额外开支，但项目推进所需要的开发环境等辅助设备开支需要能够支持各个小组同时开工运行。

2. 企业内部和外部能够符合要求的技术骨干是否足够支持项目推进的需要？项目前期过于抽调技术骨干会造成后期的开发测试跟不上，进而系统整合困难等。

3. 管理层是否有足够时间和精力为各个部落和小组及时提供培训，咨询并且随时准备打通部门壁垒？

4. 这些部落和小组的工作在项目最繁忙的时候是否也能及时全面透明地向其他部门分享沟通？

5. 项目的关键人物流失是否会直接导致严重后果？

6. 最重要的测试是项目主管和团队是否有足够能力同时推动初期数字化成果迅速实现场景应用的同时不断调整推动长期平台类项目建设。

数字化转型动态全局管理

随着大型金融企业的数字化转型不断深入，管理层面对数十个大小不同的项目，分别处于项目生命周期的不同阶段，这时候就需要加强全局管理，分析确认不同项目之间的联系，用一致有效的指标衡量项目的状态并且作出相应的调整。

数字化转型的多个项目互有关联因此组成了一个项目集群，掌握项目集群的动态需要了解项目之间的依赖性、先后关系、能够共享的资源和基础设施等。

首先，项目经理需要分析不同数字化项目计划内部任务的实质。也许任务不同，但面对的是同一个商业部门的同一个用户；也许任务不同，但需要用到同样的技术平台。项目经理简单的方式是寻找最大公约数然后尽量将类似的活动协调统一处理从而提高效率，一般的项目管理软件都能够帮助项目经理从项目集群里面抽取类似的任务，这是比较基础的管理技能。

更深一个层次的全局管理是寻找数字化 DOV 实现价值的里程碑节点，然后着重管理这些节点任务的先决条件和需要后续加强这些 DOV 价值的支援任务。这样围绕 DOV 实现的项目集群管理，能够更好地确认数字化价值实现的关键任务，从而确保资源投入和辅助支持的时效性。例如，利用人工智能实现自动化银行开户申请表的 DOV 能够降低商业部门一线员工的重复人工输入，同时进行的后台客户资料更新项目实现的 DOV 是降低后台部门的重复人工输入并且提高风控的实时性，这两者之间的关键是客户基本数据能够从输入到后台的连通确认，因此互有关联但数据核实的任务是关键，因此项目团队需要额外注重测试数据核实相关模块的工作，而不是仅仅关注这两个不同项目是否推进顺利。

最高一个层次的全局管理是根据数字化转型战略而优化项目集群的内在关联并且据此推导出全局动态项目活动图，这就是数字化项目共生协作，价值支撑理念的体现。每一个项目就像每一个细胞，自身都能创造价值的同时也和其他细胞共同组成器官。当管理层把每一个项目的价值分别提取出来并且描述出彼此之间的联系，那么就可以进一步在全局层面上观察轻重缓急和资源配置情况。

最后，数字化转型本身就是金融企业重塑商业模式的过程，管理层在快速推进相关项目的同时，在确保已经承诺的目标能够实现的前提下，应该果断鼓励项目团队在行进过程中设立跳跃式的目标。已经承诺的目标管理起来相对直接，从发布更新的时间到质量测试的结果都有明确的目标值可以参考；跳跃式的目标则不同，这些目标是项目团队在数字化开发过程中根据自身的领悟而产生的对未来的思考和尝试。这样的尝试也许失败的概率很大，但只要在风险可控的范围内，都应该给予鼓励和支持，前提是制定行之有效并可以衡量的指标。这些指标和当前项目的财务指标价值指标等不同，可以是比较宽广和实验性质的。例如，项目团队可能会提出跳跃式的新产品设计思路，在条件允许的情况下，可以考虑一个相对宽松的时间，如一个月，然后根据商业部门用户的评估决定是否投资；技术团队可能会提出全新的逻辑算法，管理层应该全力支持，衡量的目标可以是软件专利等虽然看上去和数字化转型项目并没有直接关系但是可能成为未来资产的指标。在执行中不断鼓励创新，在创新实践中确保数字化价值得到充分体现。

构建"证通云"——上海证券交易所数字化转型之路[①]

2018年9月20日，在2018阿里巴巴集团杭州云栖大会上，上海证券交易所宣布同阿里云达成深度合作，并介绍了最新的合作成功："证通云"。

"'证通云'是上交所技术有限责任公司面向证券、基金等金融机构推出的云计算服务。'证通云'涵盖计算、存储、网络、安全及增值五大类产品，满足行业客户生产、灾备、办公等系统随时接入、弹性扩展、按需付费、数据安全的上云需求。'证通云'严格遵循国家相关部门监管政策，为金融机构统一提供技术领先、稳定可靠、安全合规的云上服务。"

据上交所技术公司金融云事业部总经理赵洋明介绍，"证通云"采用同城双活及异地容灾数据中心，提供多运营商互联网、专线及上交所和深交所的交易、行情接入，将通过国家等保三级认证。核心技术国产化，真正做到了自主可控。阿里云计算操作系统飞天是上述自主可控技术的重要组成部分。在试运行一年以后，2019年9月9日上交所宣布正式启用证通云作为交易相关数据上传下载的主通道，这意味着国内的所有证券机构都可以基于交易所的"证通云"平台快速搭建自己的业务系统，兼具合规、安全与弹性的金融需求。

---

① https：//www.ssetech.com.cn/statics/ztyProductDetail/index.html.
http：//news.stcn.com/2020/0211/15634828.shtml.
2019中国互联网大会-聚智赋能　生态共建-"证通云"助力证券行业数字化转型
http：//www.ce.cn/macro/more/201809/21/t20180921_30362398.shtml.

上交所云计算的数字化转型之路其实也经历了诸多挑战，在 2019 年 7 月中国互联网大会——数字金融发展论坛上，上交所相关项目负责人将这些挑战归纳为以下三点：

"第一，传统 IT 架构的整合。过去我国证券行业的成本投入大多集中在硬件的采购和运维以及软件版权等方面，在这些方面因为 IT 技术的迭代和金融证券行业的业务发展，可以说是一种不间断的互相迭代的趋势导致的，那么很多的传统系统没有办法下线，导致我们 IT 的技术架构要迎合技术的发展还要跟上前沿技术，非常的困难。同时还会造成因为应用的各个 IT 技术都是半路出家的或者是一代一代迭代的，会产生数据连接的不足，形成数据孤岛，造成用户的应用体验或者持续增长的同时，会觉得技术跟不上，这些都是一些传统 IT 架构需要整合的。

第二，是数据治理的问题。其实现在的证券行业和银行业一样，面临新的互联网服务业态，它们面临的是用户需要提供的不是单一的业务，更多的是基于数据的分析这些业态。这就对目前证券行业产生的各种海量数据的分析挖掘以及分发和处理提出了更高要求，也对于各个证券行业的参与者或者机构提出了更高的数据处理的要求，同时也要挖掘本身所有的数据价值，这是数据治理的挑战。

第三，创新发展能力的挑战，获客是证券行业里面业务发展的一个比较重要的环节。更加精准的推送服务，同时也要符合监管的要求，要求我们发展的同时注重科技创新或者监管科技的能力。

这三点，归结起来就是一点，叫作科技赋能，对金融行业的整个发展的支持。"

在"证通云"的执行过程中，上交所团队也分享了不少最佳实践，核心理念是不仅单单提倡上云，更多的是要能够挖掘上云以后的效益，这和我们这里提出的 DOV 实现理论是一致的。具体来说，在"证通云"的建设过程中，上交所项目团队推行标准方案，也就是说基于基于"证通云"

统一技术架构的每一个业务场景从解决方案的提出，资源获取，网络接入到业务上线都是依据同样的标准化模板，这样的流程能够降低执行过程中的不确定因素，大大提高项目推进效率，而且符合金融行业专业云计算平台的运维原则。"证通云"的另一个商业化使用场景是模拟测试服务。证券行业的机构客户有大量的回溯测试需求，不但需要大量历史数据和系统容量，同时也需要模拟交易时段和运行窗口。云计算平台就能够很好地满足这些需求，为机构客户提供安全可靠而且不间断的测试平台。这样以用户实际商业需求为导向的产品设计能够更好地体现数字化转型项目的DOV。"证通云"的第三个实用场景是监管科技，尤其是公司画像。对于数字化产品来说，"用户画像"已经是常用的设计方法，但公司画像更加复杂，不仅需要各方面多元化不同的数据，同时还需要将这些数据汇聚分析。对于监管机构来说，能够全面了解上市企业的情况，而不是仅仅依据披露的财报内容能够提高监管的效力和效率（Effectiveness and Efficiency），是非常重要的数字化技术赋能金融监管的实践应用。

我国金融证券行业的另一个专业金融行业云平台则将由深交所旗下深证通与腾讯云打造，该平台将基于自主可控、安全合规的技术，面向资本行业场景提供完整的 IaaS、基础 PaaS、行业 PaaS 以及 SaaS 等全栈云服务与金融科技能力，构建完善的资本行业云市场生态，为新阶段资本行业的市场创新与业务发展提供全面的数字化解决方案。

根据《证券时报》的报道，金融行业云是目前证券行业正在布局以及摸索的方向。"简单来说，行业云就是基于多数据中心布局、金融数据交换平台、金融云平台等现代化金融设施构建具有行业聚集效应平台，各家券商可以利用调用的模式获得安全稳定的云服务。"

第六章

数字化转型的新型科技

《福布斯》统计了全美大型企业在 2018 年的科技投入后发现，当年对数字化转型的投资总额高达 1.3 万亿美元，这些企业投入巨资购买了大量新型科技，组建了名目繁多的项目组，从数字化能力到商业效率提高到创造客户价值等不同标语到处可见。但进一步的调研显示 70% 的项目最后并不能达到预期目的，这相当于超过 9000 亿美元的资本投入没有达标，不仅说明美国企业在数字化转型方面的管理效率低下，同时也再次验证了一个深层次的问题：和管理层想当然的常识想法不同，数字化转型的确需要新型科技，但仅仅购买新型科技并不能确保数字化转型成功。①

　　自从 1965 年英特尔董事长摩尔创建了摩尔定律，发现集成电路上可容纳的晶体管数目每 18 个月就会增加一倍，性能也将提升一倍，整个 IT 业界将之奉为对科技能力性能预测的基础。在数字化时代，摩尔定律也经常被经理人引用作为新型科技将颠覆现有商业模型的依据。但这里有一个重要的概念被混淆了，任何科技业界关于技术更新换代的趋势理论只能描述科技发展本身，而不是科技发展的应用，因为新型科技的应用需要配合商业实践的演变，而这两者的发展经常是不平衡的。

　　来到数字化时代，翻开任何一篇数字化转型的文章，人工智能、区块链、云计算和大数据这四个主要的新型科技基石都会毫无意外地出现，根

---

　　① https：//www. forbes. com/sites/forbestechcouncil/2018/03/13/why – digital – transformations – fail – closing – the – 900 – billion – hole – in – enterprise – strategy/#134424957b8b.

据英文缩写被简称为 ABCD①，似乎拥有这些新型科技能力就是一个数字化转型成功的企业。

我们在本书的第六章才提出这个流行的观点就是希望我们的读者在经过前面五章对于数字化转型的战略和管理的论述以后，能够自己得出以下的结论：拥有 ABCD 能力就是数字化转型成功企业——这个论断既不准确也不完整甚至有些偏颇。虽然这些新型数字化科技能够为商业实践的转型赋能，但如果企业的管理层缺乏正确的数字化转型理念和管理方式，盲目加载这些科技只会更加暴露自身的不足，并不能成功加强自身的竞争优势。与此同时，如果我们从数字化转型的战略入手，当新型数字化科技与 DOV 清晰的数字化转型项目相结合，那么科技的力量才能通过项目的实施在实际商业实践中体现出来，企业才会因此增加自身的竞争优势，在数字化时代继续交出亮丽的业绩和可持续的发展。

渐进式的传统科技仍然重要

2019 年 9 月《华尔街日报》在《科技是银行的新战场》一文中列出北美，欧洲和亚洲的银行对科技的投入，即使北美的银行业已经是科技更新的先锋，对新型科技的投入也只占 IT 预算总量的 37%，相比之下欧洲银行对新型科技的投入只占 IT 预算总量的 27%，显示银行仍然需要投入大量资源和精力修补，改造现有系统，相对于显得更加"划时代革命性意义"的新型科技来说，传统科技仍然在渐进完善，金融企业的 IT 版图仍然复杂，但这样的渐进和数字化转型并不矛盾。

金融行业的 IT 系统具有自身的特点，管理层对这些看上去古旧不合时宜甚至成为数字化转型主要障碍的核心遗留系统（Legacy Systems）又恨又

---

① ABCD – AI, Blockchain, Cloud, Big Data.

爱。无论是全国联网的商业银行内部平台还是面向全球资本市场的交易平台，这些系统多年来提供了稳定，可靠和安全的运营环境，对金融机构来说这无比重要，这是首要因素。为了让这些系统继续平稳运行，管理层通常会采取稳妥的方案每年继续投资维持必需的软硬件升级和支持团队。其次，每家金融企业的核心遗留系统都不相同，都具有自身的独特性，这就造成了知识烟囱的问题，随着了解核心遗留系统人员的退休或者离职，银行的管理层需要确保相关信息和知识能够及时转交留存，相关逻辑和技术规范能够准确标注及时更新等这些多少令人头疼的问题。由于这些核心遗留系统通常处于神经中枢的地位，牵一发而动全身，每一次微小的改动也需要花费很多时间研究对相关系统的影响，确保准确无误才能实施。指望一夜之间大爆炸式地彻底数字化改造银行几十年以来积累的系统，风险巨大且未必切实可行；与此同时，数字化转型的项目通常是基于大量新型技术的应用但仍然需要和这些基于传统科技的核心遗留系统连通，所以管理层更倾向于循序渐进式地挖掘现有遗留系统潜力为数字化改造助力，与此相关的投资也就不得不继续进行。

另一种渐进式的传统科技是大型银行和金融机构自主研发的应用产品，例如每家大型银行都提供的手机在线银行应用 App。银行 App 过去一向以附加型服务方式出现，作为现有银行服务流程的一部分，使用的技术也大多是已经成熟的主流科技，因此具有循序渐进的特征。这些 App 具有数字化的界面，也大多提供客户喜欢的财务数据分析，自动生成报告等功能，但和第三方应用相比总是在用户行为分析和全旅途体验方面略显不足。几乎每一家大型银行都投入大量资源开发了自己的 App 应用，这些 App 虽然直接和银行的核心系统相连，但和第三方应用相比市场占有率仍然差距不小，其中主要的因素还是用户体验不佳，因此也经常收获媒体酸溜溜的评价和用户充满抱怨的投诉。

廉价高效的虚拟化技术和云计算平台

确切地说，虚拟化技术在金融业的使用已经有近十年的历史，算不上什么新型技术，但是虚拟化技术带来的廉价高效特征是数字化转型的重要驱动力。过去基于传统的技术架构，每台服务器基本都负责单一的功能，或者存储，或者运算处理，或者网络连接等，因此金融企业的数据中心充满了整排的服务器，虽然其中很多服务器的应用效率在非峰值时期都并不高，维护这些服务器耗资巨大，但回报很低，虚拟化的出现很好地解决了这个问题。虚拟服务器使用软件系统在物理硬件基础上加载了虚拟化的硬件层，这样可以在同一个物理服务器上同时加载多个虚拟服务器，极大地提高了硬件的使用效率，降低了维护成本和能耗。根据 IDC 的统计，仅仅在亚洲地区，虚拟服务器每年能够为企业节省的 IT 开支就高达近 600 亿美元！① 降低成本是虚拟化技术迅速成为主流选择的最重要因素。

廉价只是企业基础建设方面的优势，虚拟化技术对于数字化转型团队来说，最重要的意义在高效。数字化转型项目的开发和执行有三个基础建设方面的必要前提：一是方便廉价的开发环境，二是快捷高效的发布更新流程，三是自成一体在开发完成系统整合之前不会对周边系统产生负面影响。虚拟化技术能够很好地满足这些要求，企业的 IT 部门也能够在现有熟悉的流程和硬件环境下即刻提供这些服务，让数字化转型项目的开发立刻启动。更进一步地，除了开发环境，虚拟化技术能够让数字化转型项目同时调用多个不同的虚拟服务器在不增加额外技术管理的情况下模拟大数据演算，例如将同样的算法扩展到几个甚至上百个虚拟服务器上测试规模效应，在测试完成并且取得系统性能数据以后终止这些虚拟服务器。在过去

---

① https：//banktech. com/infrastructure/virtualization – the – smart – choice – for – financial – institution – data – centers/a/did/1296899. html.

以单一传统服务器为主的环境下，这样的高效灵活的测试环境基本是不可想象的。

虚拟化技术仍然需要企业内部实质的物理服务器和数据中心作为基础，当虚拟化技术从企业内部扩展到公共空间的时候，计算资源的提供来自企业以外的大型科技供应商如微软，亚马逊或者阿里巴巴等，这样的技术模型就是云计算。现在的云计算平台已经不仅仅是简单地提供虚拟化服务器了，而是已经迅速演化为一种弹性的资源体系，可以根据当前系统需要的运算能力和系统负担增加或者减少运算资源从而动态支持数据运算处理。根据云计算的模式和服务不同，比较广泛的分类包括 IaaS，PaaS，SaaS：

● IaaS 是用户利用软件虚拟化和自动化的工具，通过公开的互联网远程访问云计算供应商提供的计算、存储和网络资源。大型科技供应商因此提供并且管理的服务包括底层的网络、存储、服务器和虚拟化软件系统。用户可以不必自行建设数据中心，免去机房场地和服务器的维护费用，降低软硬件资本开支和运营成本。同时项目团队需要自行安装管理操作系统，中间系统，运行环境系统，数据和应用的所有层面。这样的模式优点是项目团队可以拥有更大的自主性，对操作系统等基础层面可以自行研发定制，同时不需要承担硬件设施的成本。典型的 IaaS 包括亚马逊的 AWS，微软的 Azure，IBM 的 Cloud 等。

● PaaS 是用户利用云计算平台的资源就可以开发创建应用程序，并且直接在平台上运营，不但免去机房场地和服务器的维护费用，还能够降低搭建软件开发环境的投资，缩短开发周期，降低开发成本。因此大型科技供应商除了提供管理 IaaS 中的所有系统还继续提供包括操作系统，中间系统和运行环境系统，让用户能够专注于开发数据和应用程序。这样的模式对于操作系统和运行环境相对固定的项目来说非常高效，一般 PaaS 的供应商还会提供专门的开发工具可以让开发团队迅速上手开始开发测试，基本不需要担心开发环境。虽然大型科技供应商仍然是同样的科技巨头，但服务模式在 PaaS 里面不同，例如，Azure Web Apps 虽然也是微软提供的用户可以直接在平台上开发而不需要再担心操作系统和运行环境。阿里云机器学习平台 PAI（Platform of Artificial Intelligence）也是一种人工智能的 PaaS 平台，为传统机器学习和深度学习提供了从数据处理、模型训练、服务部署到预测的一站式服务，打造人人都用得起的机器学习平台。[1]

• SaaS 是用户通过高速网络直接获得软件应用的服务，不需要自行开发。因此大型科技供应商负责提供所有的软硬件环境，包括最终的应用程序，用户只负责通过网络直接使用而无须进行额外的软件开发。一般这样的服务具有高度灵活的定制属性，用户可以根据自身需求在软件平台上组合数据单位、工作流程和用户权限等功能。美国著名的商用软件巨头 Salesforce 和 Slack 都是 SaaS 的供应商。

阿里云的远见者象限[2]

2017 年 6 月 30 日，中国杭州—阿里巴巴旗下云计算平台阿里云，成功入选全球知名分析机构 Gartner Research 发布的最新《2017 年全球云基础设施即服务魔力象限》（由 Gartner 分析师 Lydia Leong 等撰写，报告发布于 2017 年 6 月）。这是阿里云首次被列入 Gartner 魔力象限，与世界顶级云计算厂商处于同一梯队。

在本次魔力象限中 Gartner Research 将阿里云定位在"远见者象限"中。Gartner 在报告中指出，阿里云在中国云基础设施即服务（IaaS）市场表现强劲，并正加强在全球其他市场的投入。

同时 Gartner Research 也提及阿里云丰富的云计算服务组合，并表示"今天阿里云已经可以媲美全球其他超大规模云服务商的云服务产品组

---

[1] 阿里云：中国企业 2020：AI 红利渗透与爆发。

[2] https：//developer. aliyun. com/article/123302.

合"。此外，阿里云全球拥有覆盖广泛的数据中心网络，证明了其在一些区域市场将取代超大规模全球云计算厂商的强劲潜力。

阿里云在全球提供一整套云计算服务，以支持企业用户在全球市场的发展，包括数据存储、关系型数据库、大数据服务、内容分发网络等。阿里云近期在欧洲地区发布了 MaxCompute 大数据处理平台，预计 2017 年下半年上线，MaxCompute 可以让用户存储和处理规模达 TB 级或 PB 级的图片、视频、音频等数据，该服务目前已经在阿里云国际业务总部新加坡上线。

目前阿里云在全球多地设有数据中心，覆盖中国内地、中国香港、新加坡、日本、澳大利亚、阿联酋、德国以及美国（包括美西和美东），并同时计划在马来西亚、印度和印度尼西亚建造三个新的数据中心。届时阿里云的数据中心网络将覆盖全球 17 个国家和地区，用于支持其快速增长的国际业务，在全球及亚太市场中保持领先地位。

云计算平台对数字化转型项目来说最大的优点是即开即用，廉价高效

1. 金融企业一般都有严谨的财务和预算周期，高管层虽然会努力支持数字化项目建设，对于转型初期的大规模资本项目开支还是相当谨慎的。一方面需要提供开发环境给项目团队设计原型，另一方面时刻准备纠偏试错，这是数字化转型的特点。选择上云就意味着无须一次性投入大量资本建造基础设施，云计算服务商会按照使用时间和容量定期收费，由于没有实质上的基础设施，企业成功地将资本项目开支（Capital Expenses）转换成了运营成本（Operating Expenses），不但能够省出宝贵的资本开支，还能够有效衡量数字化转型项目的回报，因此受到金融企业管理层的青睐。

2. 金融企业的 IT 部门面临高效运营的繁重压力，项目团队选择云计算平台作为开发环境可以有效降低企业内部 IT 部门的技术支持需求，既不

需要提前制订系统升级计划，也不需要担心操作系统和数据库系统之间是否互相匹配，因此云计算颇受 IT 部门主管的支持。对于数字化转型项目团队而言，选择上云可以全力以赴开发新型的产品和服务而不必过于牵扯遗留系统和现有 IT 架构，虽然在开发完成后也许要回到现有架构，但届时对新型产品和服务的理解已经完整，对其所需的接口和内部数据的连通方式可以做到有的放矢地系统整合开发，这样的流程重点突出更加高效。

3. 金融企业对系统和网络安全的要求极高，如果企业选择自建新型网络基础设施和服务器作为数字化开发环境，那么这些设施需要符合金融企业一贯的安全要求，这样的过程不但耗时费力，而且需要不断打补丁确保没有安全方面的漏洞。云计算平台很好地解决了这个问题，项目团队可以有效地借助大型科技服务供应商在安全方面规模巨大的投入和行业资源维护开发环境安全可靠，免受自然灾害和网络攻击的影响。根据金融企业的特性，众多云计算供应商一般提供相关的合规确认文件和商业保障条款从而满足监管要求。

云计算平台当然不是完美的，数字化转型项目选择云计算平台则在一定程度上妥协了对基础设施的控制能力，因此也有一些限制需要提前考虑。

1. 金融企业对系统性能和速度的要求极高，选择云计算平台的项目团队一般需要通过互联网与开发环境连通并且操作虚拟服务器。大型金融企业一般不会存在网速的问题，但对于有些对速度极其敏感的系统例如股票交易系统，互联网的网络延迟显然要比金融企业内部的网络延迟高出几百倍，这样的区别对开发和测试的结果都需要额外的考量或者能够妥协的解决方案。

2. 金融企业的数字化转型是为了能够增强差异化竞争的能力，选择云计算平台尤其是 SaaS 这样的"软件即服务"的平台进行基于系统配置的修改可能会陷入同质化竞争的怪圈，因为竞争对手也可以选择同样的平台，也可以迅速进行类似的系统配置修改。有效的解决方式一来可以将云计算平台的开发结果整合在企业自身的生态系统，增加平台 DOV；二来可以主要针对企业内部流程而不是面向市场的流程进行基于云计算平台的开发，既能够降低成本创造 DOV 又不会对面向客户的环节产生任何影响。根据中国信息通信研究院的调研，我国金融机构更倾向于采用自建私有云模式。在已经使用云计算技术的 161 家金融机构中，69.57% 的金融机构采用自建私有云模式搭建云平台，19.25% 的金融机构采购由专业金融行业云服务商提供的行业云服务，同时，11.18% 的金融机构使用公有云。①

3. 金融企业管理层需要考虑中长期的服务供应商战略，大型数字化转型项目云计算供应商的选择也许会产生以下两个深层次的顾虑。第一，大型科技供应商在云计算市场竞争异常激烈，同一个供应商的不同云计算平台之间兼容性和连通性方便简洁的同时，不同供应商的云计算平台基本不会互相兼容。因此项目团队需要综合考虑企业现有的云计算供应商和适合项目相关技术的供应商之间的开发替换问题。第二，如果选择同一家供应商，企业是否会被锁定，在中长期的发展过程中受限于供应商的服务模式和技术能力？供应商当然希望提供专属服务从而锁定大型金融企业，对于大型金融企业的管理层来说也许考虑问题的角度不仅是技术，还包括地域风险和综合服务投射能力等。

美国联邦政府级大数据网站"数据库"——Data. gov②

2012 年在届时美国总统奥巴马的主导推动下，美国联邦政府主导运作的网站"数据库"（Data. gov）正式上线，这是一个开放的数据网站，提供各方面的数据，增加企业和公民的参与度，并为私营和公共部门的决策提供完整及准确的信息。

---

① 中国信通院：http：//www.caict.ac.cn/kxyj/qwfb/ztbg/201804/P020180322563682812103.pdf。
② https：//www.data.gov/.

比如，当民众想要了解个人所缴联邦税的情况时，就可以在"数据库"网站上找到财政部提供的全国年度个人缴税记录。这个记录不但提供全国一共有多少人缴税、总共缴了多少税、有多少人收入在2.5万美元以下、多少人收入超过20万美元等信息，还提供每个州有多少人缴税、每个州内同一个邮政编码内有多少人缴税、缴税的分类情况等，十分详细。

运筹帷幄，洞察先机的大数据和人工智能

"无形资产定义为你摸不到的东西……无形产品制造业和有形产品制造业运行方式不同……这种投资会产生沉没成本；它往往会产生溢出效应，被竞争对手所利用；它比实物资产更具有可扩展性；它更有可能与其他无形资产产生有价值的协同效应。"比尔·盖茨在推荐给读者《无形经济的崛起》[①] 的序言中勾画出无形资产的定义和特征。金融产品和服务属于无形资产的范畴，看不见摸不着，没有实体形态，而金融数字化转型的过程创作的新型设计、软件、产品、业务流程重组等都是企业对无形资产的进一步的投资，目的是能够迅速提升竞争力。无形资产没有物理上的存在，因此对于资产本身的质量和价值的测度和衡量只能依靠数据；完整、精确、客观、来源不同但及时广泛的数据是描述金融资产的最主要依据。

简单回顾一下IT业界数据发展的历史不难发现，在20世纪大部分时间数据的主要发展历程都是围绕着数据存储展开的。从早期的小型机到90年代的数据中心，企业主要的挑战就是数据增长速度的不断加快和越来越多的数据存储需求，因此主要的应对方案就是推动技术创新让更多的数据能够存储在更小的介质上的同时，建设更大的硬件设施能够高速存储调用

---

① 无形经济的崛起——乔纳森·哈斯克尔，斯蒂安·韦斯特莱克。

数据。随着云计算的兴起，企业终于能够突破数据存储的技术瓶颈，通过更经济、更高效的方式存储几乎无限的数据。金融企业管理层开始研究分析数据的内在逻辑关系，一方面更加及时准确地描述金融企业的资产和自身的运营状态，另一方面通过分析数据探索商业发展方向，更好地了解客户和未来市场的变化趋势。

"大数据"可以看作不同"数据"的集合。在虚拟化和云计算技术出现之前，数据存储和检索只能通过访问本地服务器的硬盘存储介质完成，来源不同的多种数据的存储和检索复杂而且耗时费力。虚拟化和云计算技术不仅解决了数据存储的问题，更重要的是能够让用户同时访问本地和远程的存储介质，这些原本无法在一定时间内用常规软件工具抓取，管理和处理的数据集合被定义为大数据。大数据技术，是指从不同类型的数据中，快速获得价值信息的能力。

著名咨询机构 Gartner 分析员道格·莱尼在 2001 年的一份有关数据发展趋势的报告中指出，数据增长的挑战和机遇有三个方向：体量（Volume）、速度（Velocity）与多变（Variety）。[①] 近年来随着社交媒体的兴起和相关数据真实性的讨论，又在这三个发展方向之外定义第四个 V：真实性（Veracity）。

大型金融企业在过去数十年间积累了大量数据，科学地收集、清洗、整理、分析数据从而掌握金融市场的动态并且据此作出各种管理决策就是一个从过去的"主观判断"演化为"数据驱动 + 创新驱动"的过程。金融数字化转型需要打造企业的大数据生态系统和数据驱动能力，让企业能够不断加强自身竞争优势，运筹帷幄洞察先机。

然而，大量美国金融企业在投入巨资购买了大型全面的大数据解决方案以后，并没有取得预期的效益，同样是 Gartner，在另一份报告中指出高

---

① https：//blogs. gartner. com/doug－laney/files/2012/01/ad949－3D－Data－Management－Controlling－Data－Volume－Velocity－and－Variety. pdf.

达85%的大数据项目事实上失败了，因为管理层将大数据理解为科技项目然而"技术并不是问题"。[①]

前车之鉴，教训深刻，传统金融企业在数字化转型中需要对大数据项目的设计和管理需要紧扣数字化企业价值的主题。购买大数据工具，建设企业数据湖，甚至将企业数据的生成和流转移植到云计算平台上都只是手段而不是目的，我们建议大型传统金融企业重点考量以下两个大数据项目方向。

1. 大数据的资产负债表。这个概念也是分析员道格·莱尼在2016年提出的[②]，虽然已经不是什么全新的理念，但对于金融企业管理层来说，正如同财务报表能够描述企业的运营情况和业绩表现，用资产负债表这样的典型财务工具描述大数据资产可以对数据资产分类同时描述衡量资产的动态流动情况。

这样的大数据资产负债表左边应该是数据资产，右边是数据负债，看上去和企业的资产负债表也很像。数据资产栏目下面应该详细列出企业拥有的数据集合的名称，重要特征，使用权限和价值体现方式；数据负债栏目下面运用类似的方式列出企业已知或者预期要承担的数据义务，也是通过列表数据集合的名称，重要特征，需要承担的义务和对方预期值，数据义务的价值和如何衡量的标准。

大型金融企业已经积累拥有大量客户资产，但是这些数据并不是企业的数据资产，因为事实上无论传统银行还是金融机构只是代为托管这些资产，并不拥有这些资产。金融企业拥有的是为客户提供的产品或服务相关的数据信息，这些构成了数据资产栏目下的第一个重要数据集合群——所

---

① https：//www.techrepublic.com/article/85-of-big-data-projects-fail-but-your-developers-can-help-yours-succeed/.

② https：//www.gooddata.com/blog/gartner-report-data-should-be-counted-balance-sheet-asset.

有与客户相关的数据资产集合。

第二个数据资产集合是关于金融企业内部的技术指标，包括描述 IT 设备和运行情况的参数和日志等，也包括已经在云计算平台上的各类相关性能，峰值和运营潜力的估算。这些重要的技术指标对数字化转型的设计研发方向和对现有资产的挖潜都有很重要的意义。由于 IT 部门通常已经具有较强的运营管理平台，获取并连通这类数据相对难度较小。相对而言客户相关的数据资产集合的收集获取和更新通常需要额外的项目来完成。

第三个数据资产集合是关于金融企业的内部流程和管理控制数据资产，包括对现有项目财务状况的描述数据，以往产品研发的判断决策数据和未来新产品开发的决策衡量体系，商业银行的风险控制历史数据的集合等，当然也包括对数据安全和权限的描述数据等。这只是比较基本的分类，根据各个金融企业的实际情况，管理层可以按照这个思路继续思考，从而形成一个个不同的小型项目，每一个项目的结果都能够进一步完整丰富大数据资产负债表的数据资产栏目。

数据负债栏目则列出了作为金融企业在运营中需要承担的数据义务。首先最重要也是最基本的就是面对客户的数据义务，包括需要定时向零售或者机构客户提供的不同资产更新情况和为此需要生成的信息（注意，这时候数据已经转变成了信息）。在这个过程中，企业管理层需要根据各自的监管规范了解这些信息所涉及的数据权限和隐私法律法规，如果相关监管要求发生变化，那么这些数据义务的深度和广度也会发生变化。其次，金融企业对于上下游供应商的数据义务，包括企业依赖的数据流（Data Feed）的来源，频繁程度和支付的商业成本等相关描述。最后，还需要列出金融企业用于市场营销和舆情分析相关的数据输出，虽然这些数据通常并不需要直接成本，但的确是一种运营金融企业的责任和义务，因此也应该归类于数据负债栏目。

当大型传统金融企业逐渐建立完善自身的大数据资产负债表，企业就能拥有更加科学的判断依据，对数据资产栏目的增长预测和对负债栏目的效率评价更加高效合理。

数据资产	数据负债
客户相关的数据集合 • 客户基本信息和服务信息的数据 • 客户金融资产信息的数据 • 销售跟踪的数据 • 来自客服聊天机器人的数据 • 来自移动端客户行为分析数据 • 来自人脸识别系统行为分析数据	客户相关的数据义务集合 • 需要定期提供的客户资产报告数据 • 需要定期提供的客户服务信息 • 需要定期提供的监管信息 • 需要公开展示的客服信息 • 需要根据客户提问回答的客服信息 • 监管审计需要的信息
IT 相关的数据集合 • 基本软硬件、网络基础设施等数据 • 知识产权和软件使用授权数据 • 数据中心系统峰值和历史数据 • 系统运行维护更新日志数据	对上下游合作供应商的数据义务集合 • 各类数据流的数据来源和成本 • 各类商业合作需要的输出数据 • 各类面向市场的产品输出数据 • IT 合作伙伴需要的运行日志数据
内部流程和管理控制数据集合 • 以往和运行中项目财务状况数据 • 现有产品决策数据 • 新产品研发判断决策数据 • 数据安全相关的数据 • 风险控制相关的数据 • 相关算法和引擎相关的数据	市场营销和舆情分析的数据义务集合 • 公开的市场营销数据 • 产品特征和性能描述的营销数据 • 以往和未来商业活动需要的支持数据 • 社交平台需要的定时公开数据 • 根据舆情需求定制的但可以公开的数据

2. 从数据到信息到资讯到智慧的动态转换。大数据的重要特征即优势是能够同时抓取，管理和处理不同类型的数据，包括金融企业现有的结构化数据库和大量非结构化的数据，例如，图片、视频和地理位置等。当企业逐渐建立大数据资产负债表，对企业内数据的生成和流通具有较强把握的时候，企业管理层需要将注意力集中到如何将数据转换成信息从而生成情报，能够让企业在动态中作出最佳战略判断。虽然金融企业的网络能力已经非常强大，但如果大数据项目的目标仅仅把各类不同类型和来源的数据拷贝集成在一起，那只是一个更加保险的备份过程，而且还需要不断更新，企业管理层获得的信息量并没有增加，当然也谈不上有用的情报资

讯。数据转换成信息需要夯实三大核心要素：实时、优质、多元。

数据的实时采集分析和呈现过程能够让大型金融企业时刻感悟到运营环境和竞争环境的微小变化，无论是项目资源的不足还是市场动荡导致客户情绪不安的信息都能够及时准确地呈现在管理层面前。第一个项目的小方向还是从客户入手，消除信息壁垒，打造能够让企业相关部门随时聆听客户需求和反馈的渠道。仅仅依靠客户的人群分布，资产状况等这些传统静态客户画像信息已经不能满足数字化时代的需求，在金融企业数字转型的项目中，应该加强对客户行为动态分析的要求，同时加强和客户在移动平台上的互动，积极鼓励客户对新产品和功能的反馈和吐槽。数字化转型项目团队中的数据分析师能够根据这些行为分析要求标注出重要的数据收集点并将其和金融企业内部的各类业务平台连通起来，找出其中的规律和趋势。

优质的数据是指数字化转型的项目成果能够有效地过滤噪声，将无关、无用或者具有误导性的数据在整个传输和分析过程中去除，对于剩下的重要相关的数据进行分析整理得出必要的关联性。大数据并不是杂乱无章囊括一切的"大型数据库"，而是能够在看似来源不同互不相关的数据中通过统计分析获得信息的过程。

项目团队的第二个小方向是从数据质量入手，增加数据资产负债表中的数据 DOV。例如，项目团队可以有意识地考量数据的新鲜度，及时收集的客户数据是否能够及时和内部模块连通，让相关的产品经理能够及时作出有效判断？又如，项目团队可以加强元数据的管理能力，让管理层对相关信息的上下文和语境都有所了解从而作出综合判断。

兼听则明，偏听则暗，多元化的数据来源可以形成多个不同角度的看法。尤其对于大型金融企业的内部员工，也许最佳的实时数据来源是企业员工与客户的交流，基层员工可能更了解哪些产品战略是成功的，哪些是不足的。

项目团队的第三个小方向就是赋能企业员工，在不会增加额外工作量的前提下，导引相关的内部意见和建议以数据的方式汇集并且分析。数据的方式一般能够比较灵活地在匿名与具名之间转换，确保意见反馈的真实性。

大数据作为一项新型科技带来更重要的意义是真正让人工智能能够进入金融企业的商业化运作，各类不同类型不同量级数据的实时采集、存储、处理、分析和转换为人工智能的开发奠定了基石。为人工智能提供数据准备是数字化转型团队在大数据方面的下一个小方向，我们先一起简单回顾一下人工智能在商业应用方面的历史。

自20世纪50年代以来，一代又一代的科学家努力以计算机的运算能力搭载人类的智能，1956年达特茅斯学院数学教授约翰·麦卡锡召集的一次夏季论坛首次提出了人工智能的概念："这项研究旨在精确且全面地描述人类智能中的学习以及其他特征并制造出机器以对其模拟。"从此人工智能开始受到美国政府、大学和大型科技企业的关注，成为计算机可行的一个重要分支。在此后的几十年，人工智能在科学领域取得了大量成果，但同时也逐渐出现了两个不同的流派："其一是规则式（rule - based）方法，其二是神经网络（neural network）方法。规则式人工智能系统有时也称为符号式系统（symbolic systems）或专家系统（expert systems）。之所以称"专家系统"是由于该阵营的研究人员认为，要使人工智能软件更好地适应现实世界，必须将相关领域的人类专家的智慧编写进软件……"神经网络"阵营则另辟蹊径，他们不把人脑熟稔的逻辑规则传授给计算机，而是干脆在机器上重建人脑……不同于规则式方法，人工神经元网络的建造者通常不会给人工智能系统设定决策规则，而只是把某一现象（图片、国际象棋赛、人声等）的大量例子输入人工神经元网络，让网络从这些数据中学习、识别规律。"①

人工智能的两大流派虽然各自都取得了大量的科学理论方面的成就，但一直缺乏在商业领域的实践应用，这个局面一直到 2000 年互联网的兴起才得到根本上的改变，而人工智能在商业实践上真正的突破归功于"神经网络"的一个重要分支"深度学习"（Deep Learning）。在 20 世纪后半段神经网络虽然在理论上得到认同而且取得了重要的科学成果，在实践中受到了两个重要的限制，计算机运算能力不足和缺乏大量训练数据；而随着虚拟化技术和互联网的兴起，网络分布式计算机的运算能力呈指数级的增长，互联网海量的训练数据大规模涌现，"深度学习"的算法使用这些大量来自特定领域的数据，训练计算机自身识别数据和期望结果之间的关联性，然后算法可以运用找到这些关联性所累积的庞大知识做出比人类更好的决策。② 现在的人工智能商业应用，尤其是金融领域的应用，绝大多数都是来自于"深度学习"这一分支，有时候也被称为"机器学习"（Machine Learning）。

从人工智能长期发展历史不难看出，"深度学习"的人工智能需要四个重要前提：海量的专业相关数据、基于专业的算法、强大的算力和合适的商业运用场景。根据这四个前提，大型金融企业的数字化转型团队可以设计出符合自身需求能够创造价值的人工智能工作流程。

1. 重新设想金融企业的智能客户体验。正如过去几章里反复强调的，金融企业的数字化转型关键是商业场景的设计和客户体验，而不是生搬硬套新型科技，包括强大无比的人工智能科技。我们仍然需要仔细探索金融企业客户体验的主要需求发生了哪些演变，同时最需要避免的是为了使用人工智能技术而推动"标语式"和"运动式"的项目，人工智能不应该成为金融企业刷存在感或者炒作自身价值的手段。

---

① 李开复——AI·未来。
② 李开复——AI·未来。

金融企业客户场景的主要元素包括：企业的物理存在感（例如支行，总部大楼等），企业品牌（包括特定的产品线品牌），企业的手机应用和网站，面向客户的产品或服务，企业的市场营销和客户服务部门，社交网络媒体（包括其他类似的客户聊天群组）。早期的客户体验过程是被动和按先后顺序来的，从接收相关广告信息，了解产品到订购安装，使用和客户服务，企业和客户的互动顺序非常清晰而且千篇一律。从数据的角度来看，企业按照基本的人群信息和相关的资产情况向客户推销产品或服务，根据客户的订单获得使用数据，定期按照这些数据让销售人员跟进继续垂直推销相关产品或服务。到了数字化时代，这个场景发生了巨大的变化，客户体验过程是主动而且随机发生的。首先，客户主动在互联网上寻找自己需要的企业信息，然后客户到各个不同群组里面征询朋友和社区的意见，企业的市场营销人员在潜意识里扮演了产品经理的角色回答一些客户关心的问题，最后企业获得的数据虽然准确但是不完整的。

数字化转型团队在人工智能方面的第一个项目方向是依据大数据的支持，把千篇一律的客户体验流程转换成能够预测客户需求的定制流程。首先，在数据分析师的帮助下，找出客户行为的重要数据点并且将这些数据点标注清晰。例如，不同用户在手机应用的登录和停留时间，产品的重要特征在社交媒体中出现的频率等。其次，研究能够有效帮助客户的人工智能算法。人工智能的网络社区上有大量关于标准化流程的算法讨论，例如关于客户留存的算法，关于特定社交媒体平台关键词检索的算法等，当然项目团队最佳方案是能够自主研发，拥有相关技术壁垒或者知识产权。再次，通过"深度学习"处理大量的数据，从而能够大规模地为不同客户推送出量身定做的信息和方案。大规模就是可以仅根据数据处理而不需要人工介入的情况下猜想出客户的需求，并因此主动提供相关信息。最后，根据客户和机器的互动，持续不断收集信息从而提供高质量的相关客户服务，并且反馈到企业内部的项目中用于不断提高智能处理水平。

从过去数十年的发展来看，金融企业能够成功运用人工智能并不是因为从任何专注于人工智能技术的企业获得任何灵感或者划时代的发明创造，而是由于大数据驱动的数字化经济模式的崛起带来的挑战，只有运用人工智能建设文字分析、语音分析、人脸识别、个性化推荐等商业能力才能确保在业务高速增长的同时能够控制运营成本，这是体现 DOV 价值的核心竞争力。

2. 重新设想金融企业的功能和组织结构。数字化转型团队在人工智能的第二个项目方向和金融企业的自身关系更大，通过人工智能进行企业内部流程的自动化转型，训练机器处理基本和重复的工作流程。

首先，区别同一个流程中"人工输入""人工处理"和"人工判断"的环节。"人工输入"在大型金融企业中包括常见的单据输入，客户信息的输入，不同报表系统里面的拷贝和粘贴等，这些工作是完成目标流程的必须环节，对准确性要求很高，工作量大重复率高，但对逻辑判断要求很低，因此是人工智能替代的主要目标流程。"人工处理"略有不同，一般需要通过比对、核实、验证、批复等内部环节才能完成目标流程，通常涉及多个系统需要的处理时间也较长。对于这类工作流程，数字化转型项目团队可能需要商业流程分析师的合作，通过拆分重组整合这些处理流程中的重复部分，然后在合适的人工智能技术平台上建造符合自身需求的应用程序完成大规模高效处理。"人工判断"除牵涉到多个系统之外，还需要专业人士根据专业的商务、法律知识作出解读，相关的判断不仅是基于算法的基础，同时还需要专业知识、同理心、共情心等人类情感方面的智能作为判断基础，因此，目前的人工智能技术能力还不足以应付这样的环节。不过，在这类需要复杂分析判断的流程，专业人士也需要调用大量的背景资料，这样的资料准备通常可以通过大数据系统提供，例如判断是否存在金融欺诈，就需要调用类似案例作为参考。

进入金融企业的功能和组织机构优化的深水区，本身对数字化转型团队也是考验。完全承担"人工输入"基本职责的初级员工可能在项目完成以后不得不转岗，后台负责"人工处理"的员工可能会转至前台，在面对客户的同时和机器共同完成相关流程，这样的人机共存工作环境可能会产生一定程度上的紧张和矛盾。通常转型团队应该提前和所有涉及的部门主管及员工阐明项目的宗旨和目的，已经衡量标准；同时要求财务部门和企业管理层的全力支持，为涉及的部门员工提供足够多的内部培训时间，提前公布上线发布时间和运营水平要求等，确保人工智能的运用能够积极稳妥地推进。

在数字化转型项目集群中，管理层需要首先思考数字化的商业流程的设计、改进和基于大数据新型商业模式的体系建设，探索确认在新型商业流程中能够体现人工智能优势的关键点，然后开发出符合自身条件的业务形态。因此，人工智能的应用不应该是一个独立的项目，而是应该能够为数字化转型项目集群中各种不同商业流程和商业模式不断赋能的应用过程。

基于人工智能和云计算平台的 VISA 信用卡新一代反欺诈系统①

著名咨询公司 IDC 在 2019 年 9 月发布人工智能的商业投入指南，据 IDC 的推算，人工智能系统相关的项目投入从 2018 年开始以年复合增长率 28.4％的速度迅速上升，到 2023 年全球在人工智能方面的商业投入可能超过 979 亿美元！基于人工智能的机器学习系统会在未来 10 年内迅速改变很多行业的形态。

全球信用卡巨头 VISA 公司拥有超过 35 亿持卡人，每年要处理的交易

① https：//usa. visa. com/about－visa/newsroom/press－releases. releaseId. 16421. html.
https：//www. idc. com/getdoc. jsp？containerId＝prUS45481219.
https：//venturebeat. com/2020/07/15/how－visa－harnessed－data－and－ai－to－prevent－25－billion－in－fraud/.

总量高达2100亿笔，这样海量的用户和交易总量需要强大的反欺诈风险控制系统，保护用户利益也保护商家利益。在2017年之前，VISA公司的欺诈识别系统仍然是沿用1993年陈旧的技术，不仅系统表现差，对人工的依赖程度高，也不能适应高速增长和日趋复杂的金融反欺诈要求。在数字化转型的实践中，VISA公司的管理层要求将反欺诈风险控制系统列为优先考虑项目。

在2020年的VentureBeat会议上，VISA公司的全球数据主管Melissa McSherry分享了新一代基于人工智能的深度学习和云计算平台的VAA反欺诈系统项目有关的管理实践。"我们不是为了部署人工智能而部署人工智能，我们的决策是因为这是解决问题最有效方法。"VAA项目团队的第一个重要决策就是准确定义了范围和目的——识别诈骗。VISA公司拥有海量的历史数据和丰富的反欺诈经验，对于VAA项目团队来说，将大数据的历史样本和深度学习的算法相结合是最佳方案。第二个重要决策是将诈骗识别系统和核心交易处理系统分开。对于每天成千上万的信用卡交易量来说，低延迟高效率是基本要求，人工智能深度学习所需的自我学习自我分析的过程必然增加延迟。第三个重要决策是将诈骗识别系统建设在云计算平台上，这样VISA公司不同部门的研究人员和工程师都能够从全球任何地方接入。

从信用卡支付交易发生的那一刻，VAA系统就会立刻收集与之相关的几百个不同的数据点并且通过深度学习模块分析超过500个互相独立的风险控制因素，寻找欺诈相关的蛛丝马迹。例如，消费所在地过去是否曾经在持卡人记录中出现过，交易的物理介质是网络支付还是实体店，消费时间点是否合理，交易数量是否合理，是否符合持卡人消费习惯等。人工智能的算法然后能够在几微秒的时间内将这些交易数据和历史数据共同分析从而预测欺诈发生的概率，数量级为1到99。根据VISA公布的信息，全球超过129个国家8000多家金融机构目前使用VAA系统和VISA公司合作，VAA 2019 年分析了 VISA 公司信用卡 100% 的所有交易，处理每笔交易的时间大约 1 微秒；全球范围内实际欺诈发生比例低于 0.1% 是历史最低水平，每年帮助客户避免了超过 250 亿美元的金融欺诈损失，这是非常难得的表现。

"我们的用户认为 VISA 公司是最值得信赖的金融服务公司和支付网络，这样的信赖来自我们毫不松懈致力于彻底消灭金融欺诈和保护这个支付生态系统的努力。" McSherry 总结到，显然对 VISA 公司人工智能的投入还将继续增加，金融反欺诈的努力还将继续。

万物互联，信任高效的物联网和区块链

物联网 IoT 是英文 Internet of Things 的缩写，具体的科学定义尚没有定论，业界都基本认可的定义是"物联网通过射频识别各类传感装置，通过全球定位系统、激光扫描等把任何物品联系起来后，利用互联网进行交换，最终能让人跟物、物跟物实现互相连接，达到智能化的识别、定位"。[①] 通过物联网技术，借助大量廉价小型的设备和高速的通信网络，可以实现将现实物理世界里设备的传感数据转换成通信讯号与互联网上的其他设备连通的目的。

IoT 物联网的出现极大加速了物理设备连通的过程，一方面，各种小型穿戴型设备可以通过物联网的技术不间断地向指定设备或者网络传输传感数据；另一方面，各种感应器能够将机器设备的性能指标等数据同样不间断传输，因此对数字化时代具有颠覆性的意义。作为一个制造业大国，物联网在我国的发展和普及程度很快。城市中大量的摄像头和终端设备能够借助物联网技术和大数据处理生成海量的数据为智慧型城市管理提供数据保障；现代

---

① 徐忠，孙国峰，姚前等——金融科技：发展趋势与监管。

化的基础设施平台如电网可以借助物联网技术不断从传感器获得电力的分配使用数据为智慧型基建管理提供有力保障；现代化的工厂可以通过人工智能和物联网不断从机器设备收集实时的使用和磨损情况从而降低因检修造成的损失等。相对而言，对于金融行业的数字化转型，物联网的实践应用还较少，对于转型项目团队来说，可以着重研究以下三个方向。

1. 自动传感数据能够有效帮助 IT 部门管理硬件设备和数据中心，创造降低成本的 DOV。大型金融企业在拥抱云计算的同时，仍然需要管理现有的硬件设备和数据中心，有些数据存储基于商业安全或者监管的原因必须存储在企业自有的数据中心。IT 部门的需要能够在不增加额外人力资源的条件下提高管理效率，同时也需要能够根据实时的数据准确预测并且排除物理故障。物联网传感器廉价高效，结合相关大数据系统可以在数据中心的安全防控、设备性能监控、环境监测等方面发挥极大的作用。虽然这样的技术场景和商业模式的转型没有直接关系，但能够让 IT 部门更有效地安排资源，确保其他转型项目的顺利进行。

2. 手机和穿戴型设备上的物联网技术能够不间断地传输客户有关的实时数据，结合大数据系统，能够为企业的产品部门提供宝贵的第一手数据，了解客户对金融产品的使用方式和相关的行为变化趋势。例如，通过智能手表支付场景的相关数据有助于了解消费的金额、使用的场景和用户消费习惯的变化趋势；又如，汽车相关的传感器能够传输实时数据有助于了解路线规律和潜在风险，对保险企业的产品设计和理赔过程具有很强的实用意义。传统金融企业拥有大量的现有用户和市场，物联网技术相关的项目在推动这些商业场景数字化处理的同时，更能够将这些碎片化的数据整合成生态系统平台，创造平台的 DOV。

3. 大型金融企业作为上游资本的提供方，下游重要客户的商业活动情况是重要的数据，及时获取并且分析这些数据从而掌握第一手的客户信息对于新产品的研发，内部风险控制和审计等都有重要的意义。想象一下，银行可以了解大客户电商的货架销售数据并且和内部预测作出对比从而作出更加准确及时的判断；或者审计师事务所能够根据物联网提供的数据迅速找到需要重点分析的部分。这些场景都能够直接为数字化转型创造 DOV，为传统金融企业提升服务质量，同时迅速形成差异化的竞争优势。

物联网作为新型技术，金融企业在研究应用项目的同时也需要注意物联网的特征和潜在的挑战。首先，指数级扩张的数据量。根据德国著名的数据统计公司 Statista 在 2020 年 2 月的预测，到 2025 年，全球物联网产生的数据将达到 79.4 泽字节①，是 2018 年的 6 倍。这样大规模的数据传输需要例如 5G 这样的高速网络的支持，同时对云计算平台的数据存储和检索功能要求也更高。其次，数据价值和敏感程度息息相关。物联网技术收集的有关用户的行为数据能够为企业的市场营销和新产品研发提供重要信息的同时也涉及用户的隐私保护和相关法律法规。各国监管部门对各课题都增加了投入，确保数字化商业活动合法合规是项目团队需要考量的问题。最后，物联网的大规模应用将使深入个性化定制的商业模式成为现实，每一个用户的产品界面都不同，随着用户场景的转变，产品呈现的功能模块也会随之改变。这样的深度个性化定制会改变甚至颠覆现有的产品设计框架和运营管理模式，也正因为这些原因，传统金融企业对物联网技术的成熟度要求普遍较高，部署策略以稳步推进为主。

数字化转型的核心原则之一是数据的连通。随着 5G 通信网络的建设日益成熟，高性能、低延迟、大容量的移动网络将能够更好地为物联网提供技术支持，让不同物体之间的数据连通更加方便快捷，让金融企业管理人员能够拥有功能强大的移动网络平台对物联网的数据连通掌控，形成下一代的更新型数字化商业模式。

比特币和各种加密货币是数字化时代的又一个热点，虽然经过过去十

---

① 泽字节 ZettaByte，简称 ZB，进率是 2 ~70。

年的迅猛发展，比特币已经在全世界范围流通，每天都有报价，每天都有交易，大型交易所集团还创造了比特币相关的交易平台。货币，包括加密的电子货币，对于全球金融市场的稳定性来说不言而喻，各国监管机构对加密货币持有谨慎的态度，不过这并没有妨碍比特币的底层技术区块链的发展，区块链也因此成为金融企业数字化转型的重要新型技术。

　　有关区块链的历史和相关的技术规范的书籍资料已经很多了，"区块链本质上是一个去中心化的数据库，同时作为比特币的底层技术，区块链是一串使用密码学方法相关联产生的数据块，每一个数据块中都包含了一次比特币网络交易的信息，用于验证其信息的有效性和生成下一个区块。简单来说，区块链就是一种去中心化的分布式共享记账技术，它要做的事情就是让参与的各方能够在技术层面建立信任关系"①。如果从金融企业交易流程的方式来看，区块链实现方式如图1所示。

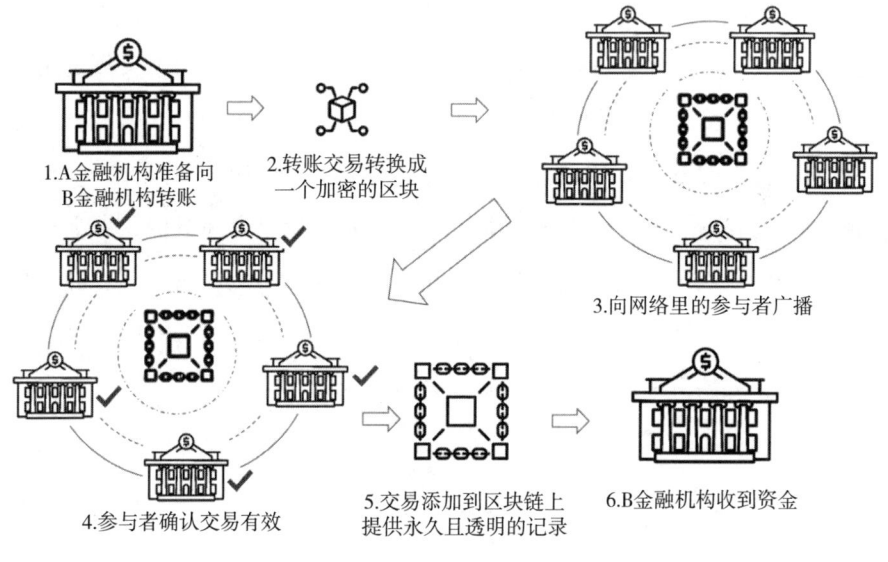

1.A金融机构准备向B金融机构转账

2.转账交易转换成一个加密的区块

3.向网络里的参与者广播

4.参与者确认交易有效

5.交易添加到区块链上提供永久且透明的记录

6.B金融机构收到资金

图1　区块链实现方式

---

　　①　徐忠，孙国峰，姚前——金融科技：发展趋势与监管。

在传统交易模式下，金融机构 A 和 B 之间的交易需要经过中心机构，例如交易所或者中央银行。在区块链交易模式下，A 和 B 都需要和同一个公共区块链相连，然后它们可以各自把交易信息写进一个加密的区块并向整个区块链发布，这个新的区块会按照时间顺序加入到主区块链中。从这个基本的交易方式可以看出，区块链构建的基于机器程序的信任关系，让交易各方能够在没有中心系统的情况下完成交易。

金融企业的建立和运营是基于信任，无论是传统银行的借贷业务还是投行的承销业务甚至支付宝的电子支付业务都是基于对银行和支付宝的信任，因此具有强烈的中心化中介性质。那么区块链这种"去中心化"的新型技术在金融企业数字化转型过程中的具体应用场景有哪些？

清算和结算。传统的银行商贸机构之间的交易清算要经过复杂的人工流程，涉及包括交易双方银行，中央银行和其他代理行多个不同机构，这些不同机构需要分别将交易信息记录在各自互不相关的金融系统中，彼此之间除非根据监管要求否则不会互相连通共享数据，这些记录又都是用来描述同样一笔交易因此重复信息很多，需要人工对账核实，效率低下。基于区块链技术的去中心化特点，如果金融交易流程中数据的记录、验证、记账、传输和安全都可以利用技术方法实现而不涉及中间机构，那么清算和结算场景就是区块链应用大显身手的地方。但这里涉及两个关键问题，在现有交易流程中，中心机构通常具有政府背书或者是跨国机构（如 SWIFT①），如果采取区块链的解决方案，是否会对这些事实上具有公信力的中心机构提出挑战？另一个问题是，这样的解决方案必须得到大量相关

---

① 环球银行金融电信协会（英语：Society for Worldwide Interbank Financial Telecommunication，缩写：SWIFT），或译环球同业银行金融电讯协会，是一个国际合作组织，运营着世界级的金融报文网络，银行和其他金融机构通过该组织提供安全、标准化的和可信的通道与同业交换报文（message），从而完成金融交易。除此之外，SWIFT 还向金融机构销售软件和服务，其中大部分的用户都在使用 SWIFT 网络。到 2015 年为止，SWIFT 的服务已经遍及全球 200 多个国家和地区的 11000 多家银行和证券机构、市场基础设施和公司客户，每日处理的报文次数达 1500 万。

参与方的认可和积极响应，否则一家企业基本上不能单方面采用区块链作为清算和结算的服务系统。作为金融企业数字化转型项目团队，虽然清算和结算符合区块链的技术应用场景，但在具体项目设计前需要先确认这两个问题。

花旗和芝加哥商业交易所利用区块链技术进行业务运营[①]

2017 年 12 月 15 日，花旗集团和芝加哥商业交易所集团公布了一个基于区块链的平台，从而削减后台运营相关的成本，同时压缩保证金融资时间周期。这两家金融巨头期望利用该系统实现抵押品和与技术无关的即时票据交换所交易确认的实时监控，从而实现更高的效率水平。花旗集团期货、票据和抵押品业务总监 Stephen Marx 解释了该平台的优势。Marx 表示："这项技术让我们消除了人工触点，减少了邮件数量，并且可以避免多个门户的登录。而其融资和抵押品领域的能力可以为我们的客户创造效率，提高生产率。"

该应用程序接口由结算提供商 Baton Systems 创建。其首席执行官 Arjun Jayaram 描述了如何选择性利用区块链系统与现有技术进行交互，提供交叉兼容性："这一创新的实时支付平台可以迅速扩展到任何金融机构、交易所或票据交换所，提供可观的运营和成本效率。其吸引力在于简易性，它利用区块链最实用元素，引进互操作性和可扩展性以便与现有技术'轨道'和业务流程相兼容。"

除了该平台的直接效益，Baton Systems 还在考虑利用该系统应用程序接口解决抵押品替代问题的其他方法。

芝加哥商业交易所总裁 Sunil Cutinho 表示，金融机构"非常乐意支持这类旨在为客户提供资本效率的技术"。

---

① https：//www. thetradenews. com/citi－and－cme－clearing－use－blockchain－to－reduce－back－office－costs/.

1. 跨境贸易融资可能是另一个区块链在金融机构的应用场景。传统的贸易融资模式是商业银行对进口商或者出口商提供进出口贸易结算相关的短期融资或者信用便利，是企业在贸易过程中运用贸易手段和金融工具增加现金流量的融资方式。在整个商业场景中，同样涉及大量单据和多个对手方和中心机构，信用证的签发和验证需要大量人工处理；基于区块链技术的解决方案能够在符合外汇管理规则的条件下完成跨境支付，大大提高了流程的效率和安全，因此也是金融数字化的探索方向之一。

2. 反洗钱和客户尽调方面的应用场景。各国监管机构都要求银行了解客户的具体讯息，并且监督账户的持有人，当账户有可疑行为发生时，银行需要主动报告执法机构，这样的监管流程称为 KYC 规则。如果银行不能取得客户相关识别讯息，或是相关讯息不符合标准，那么就不能为其提供服务，通常所说的"实名认证"也是这个意思。虽然金融机构能够方便地获取标准客户信息例如驾照和身份证等资料，但证明这些资料的真实性和关联性是反洗钱和 KYC 的重要原则，人工求证不但耗时费力，而且也不能保证准确无误。如果金融机构和相关商业机构甚至政府机构能够根据区块链技术创建客户资料验证的生态系统，相关的客户资料验证请求过程就会简单快捷，而且由于众多机构都能够同时不断更新，一旦相关资料的更新符合相应条件，就会触发有关机制让参与的金融机构及时作出反应，降低了风险。

第一之争——美国区块链驱动的银行支付系统[①]

2019 年 2 月 14 日，CNBC 报道摩根大通成为第一家运用区块链技术驱

---

① https：//www.jpmorgan.com/global/news/digital - coin - payments.

https：//www.dfs.ny.gov/reports_and_publications/press_releases/pr1812041.

https：//www.americanbanker.com/news/ivanka - trump - leaves - signature - banks - board.

https：//www.forbes.com/sites/benjaminpirus/2019/02/22/signature - bank - already - has - hundreds - of - clients - using - private - ethereum - jpm - coin - still - in - testing/#7375c0693359.

动银行支付系统的美国银行。摩根大通建设了"JPM Coin"或者被称为"摩根币"的区块链系统能够让不同机构客户通过分布式账簿完成即时的支付转账，主要有三个不同应用场景：第一，对于跨国公司来说，目前转账的过程需要通过国际间运行了几十年的 SWIFT 系统完成，通常结算需要1 天时间；而"摩根币"系统能够将这个过程缩短到几分钟，甚至是即时完成。第二，"摩根币"系统也可以用来发行企业债券，机构投资人可以通过"摩根币"即时付款而不需要等待电子付账的过程。第三，"摩根币"系统可以帮助大企业管理各自的库务，将持有的现金转为加密货币存储在这个系统中。摩根大通自诩为第一个将区块链技术应用于实际商业银行和投资银行业务中的美国银行，不过另一家名不见经传的银行"Signature Bank"并不认可。

　　早在 2018 年，《福布斯》就报道过 Signature Bank 建设了类似的基于区块链技术的支付平台"Signet"。在 2018 年 12 月美国纽约金融服务局就批准了 Signature Bank 启用 Signet 作为电子支付平台，在 2019 年 1 月 1 日"Signet"正式上线，比"摩根币"早了一个多月。关键在于，Signature Bank 虽然创建于 2001 年，但这可不是什么初创金融科技企业，这是全美排名第 40 位的大型商业银行，拥有资产 500 多亿美元，在大纽约地区拥有30 多家分行，而且和特朗普总统的家族有着千丝万缕的商业合作关系，第一千金伊万卡还曾经做过 Signature Bank 的董事！随着"Signet"的上线，已经有 100 多个大型机构客户在这个系统上完成即时支付转账，每天流水总量也达到数百万甚至上千万美元。

　　"Signet"系统能够让这些机构客户以 24/7 的方式完成支付，比通过电报方式的 SWIFT 网络高效快捷，而该平台基于私有区块链的运行模式也得到监管机构的认可。"我们自行运营私链，我们自行驱动并更新区块链系统，所以不会有任何独立的矿工存在。这个区块链系统每隔 5 到 25 秒就更新一次。"Signature Bank 的董事长不无自豪地描述"Signet"的技术优势。

"纽约金融服务局很高兴能推进并强化纽约地区新兴的金融科技领域的监管创新，纽约州（监管部门）将继续通过有力的监管机制支持并帮助创新，例如，像"Signet"这样能够让企业以更低廉的成本完成更高效的支付过程的系统。"纽约金融服务局总监在批复新闻稿中评论到。

到截稿为止，我们并没有找到纽约金融服务局对"摩根币"的类似批复，不过摩根大通有关"摩根币"的官网也不断强调目前这还只是"原型产品"，在正式启动之前摩根大通仍然在积极和监管机构沟通并解释其中的设计，希望能够得到监管部门相应的批复。第一个运用区块链为机构客户完成转账的银行也许的确是 Signature Bank，但全球财富 500 强的企业中有超过 80% 是摩根大通的客户，摩根大通每天要完成超过 6 万亿美元的各类机构客户支付转账业务，因此"即使摩根币仅仅在摩根大通自有的机构客户之间运用，这个市场也已经绰绰有余"。"摩根币"项目的负责人回应媒体询问时强调自身的体量而不是这个领域的先发优势，虽然在其项目主页仍然坚持宣传"摩根币"是第一个测试成功数字货币的银行。

聚集才能，打造数字化转型铁军

每一个项目经理都知道技术人员对于项目成败的重要性，每一个项目经理对资源也有各自不同的诠释。人员、预算、装备、技术、品牌、信息、渠道，客户关系等都是大型金融企业常见的资源，项目经理几乎可以不假思索地要求更丰富的技术资源，多多益善。

资源的英文来源是"Resource"，其内涵和企业运营的成本考量直接相关，因此具有很强的财务意义。项目中投入的资源越多，成本也就越高，项目需要招募的人手越多，项目经理需要的预算也越高。因此，项目的铁三角模型也将资源（而不是直接用预算）作为项目的三个约束因素之一。当我们将铁三角模型升级为动态五角星模型，我们同样需要考量资源的投入和成本因素。

然而，面对数字化转型项目所需的各种新型科技，"多多益善"地将这些物质或者无形的资源拼凑在一起是否就足以确保项目的进行，数字化DOV的实现和数字化转型战略的成功？答案是否定的，因为数字化转型项目团队需要的不仅是财务意义上的资源，更重要的是技术能力，实战经验和对数字化转型的志向和毅力，而这些因素恰恰很难通过财务角度去定义。数字化转型团队需要聚集才能，而不是简单拼凑资源。

项目经理是资源，数字化转型专家是才能

数字化转型的核心是同时具有技术背景和金融商业知识的复合型项目经理。第一，这样的角色需要拥有多年的项目管理经验，熟悉从预算到设计到执行的整个生命周期，熟悉包括瀑布式开发流程或者敏捷开发等不同的开发流程并且能够灵活使用的经理人。大型金融企业经过多年的技术积累，IT部门拥有大量合格的项目经理，符合这些基本背景并不算很困难。第二，数字化转型项目的领袖人物不仅是项目经理，而且是数字化转型专家。这样的转型专家需要展示3D能力，即设计（Design）、开发（Development）和数据（Data）涵盖数字化转型的主要关键驱动力和成功要素。设计才能是指这样的经理人具有"从外向内"的创新甚至颠覆性思维能力，而不是简单根据现有模式延续思考。开发才能是指这样的经理人具有"创业精神"能够带领团队探索开发不同的路径和最佳解决方案而不是简单完成任务。数据是数字化转型的重要驱动力和大型金融企业的重要助推剂，对于团队的领袖来说，擅长而且执着于以数据为前提和结论的讨论能够确保转型项目的一致性，也更加符合可衡量的数字化价值DOV的原则。第三，这样的领袖人物需要具有高超的沟通能力和软实力，一方面，能够解释并说服项目的相关利益人；另一方面，能够和团队其他成员有效地沟通，在赢得尊重的前提下领导这些才能卓越的精英人才。

达到这些要求需要长时间的积累和不断自我提升，因此合适的人选很可能是目前企业自身最繁忙最有效的项目经理，虽然他们并不一定来自技术部门。同样道理，合适的人选也能够立刻被高层主管和部门主管认可，因为他们在过去已经建立了足够的可信度和较强的人脉关系。

产品经理是资源，擅长孵化新产品是才能

金融企业的数字化转型离不开流程和产品，产品经理的职责是负责特定产品的开发，完善和发布。和项目经理的关注点不同，产品经理通常更加关注产品的功能和特征是否能够得到市场的认可，是否能够创造预期的价值，下一次发布需要涵盖哪些新功能这些问题。金融产品种类繁多，因此大型金融企业的商业开发部门通常拥有大量合格的产品经理。对于数字化转型来说，这里需要的产品经理往往擅长孵化新型数字化产品，这样的才能对于数字化转型的结果至关重要。第一，产品经理对企业现有产品的核心价值和固有流程非常熟悉。核心价值的体现来自企业对产品的先后顺序以及市场定位的决策依据，哪些市场细分更加重要，哪类客户需要更多的关注等。第二，有了对现有产品开发的决策依据才能合理地打破部门壁垒，根据数字化价值的考量来设计新型产品或服务。做到这一点的另一个重要前提是能够将传统流程和新型数字化产品的需求有机结合考虑，否则数字化转型的成果难以起到规模化作用。第三，这样的产品经理具有开放的格局，更多会寻找能够运用前沿科技的机会，但同时控制产品风险。

达到这些要求的产品经理一般具有较多技术背景，对提高企业数字化转型过程中的新型科技含量更感兴趣，因此富有经验的 IT 经理跨界成为数字化转型团队的产品经理也符合预期。

数据工程师是资源，算法分析和工程实现是才能

随着大数据应用，金融企业吸收建立了大数据专业团队，包括各种不

同的专业人才，例如，数据分析师、数据挖掘工程师、数据开发工程师和数据科学家等。这些不同的专业人才针对数据负责搭建平台，开发数据库，数据的转换和加载等各项工作。数据分析师一般负责各类商业或者技术数据的收集整理，梳理业务数据体系，对商业场景产生的数据深度分析并作出诊断性的建议；数据挖掘工程师更加偏重技术能力，需要在浩如烟海的不同种类数据中依据深度学习的理论建立数据模型，应用场景的算法等；数据开发工程师更加偏重于开发类的工作，包括传统的结构化数据库的开发和非结构化数据仓库等解决方案的构建和云计算平台的系统整合开发等；数据科学家是行业的领军人物和顶尖科学人才，负责大型解决方案的规划，数据存储平台的选择和处理框架等，作为高端人才，数据科学家对大数据有天然的好奇心，同时也会不断研究数据内在的关系并找出其中的规律。从功能上看，数据分析师更加靠近实际商业部门的最终用户，数据挖掘工程师和数据工程师都是技术岗位，前者偏重于寻找确立数据的逻辑规律，后者和传统意义上的程序员更加接近，主要工作是开发搭建。

对于数字化转型项目来说，这样的数据专业团队显然必不可少，然而要成功创新还需要根据数据规律探索行为规律从而让数字化产品具有更高的体验感。如果当前金融产品是对于面向零售 C 端客户而言，根据用户的行为作出数据分析从而带来的体验提升是数据分析师的重要职责；如果当前金融系统是面向企业内部的基础设施平台，那么能够根据不断生成的数据构建数据分析框架就更加重要，数据挖掘工程师不但能够梳理当前的数据而且能够根据企业运行的规律设计出算法，提高数据平台的效率，因此，数据挖掘工程师就更适合担负项目开发的领导职能；如果企业已经大规模运用大数据系统，拥有大量类似或者不同的数据中心，拥有大量不同格式用于支持日常商业运作的数据库，同时还需要和外部云计算数据供应商协调确立最佳解决方案，显然这样复杂的工作需要资深的数据科学家，他们通常能从纷繁复杂的数据资源中识别和创建数据间的关键节点从而打通不同数据存储系统之间的壁垒，连通数据从而创造出战略价值。

技术人员是资源，机制是核心竞争力

数字化转型团队里面当然需要技术人员负责研发和测试，这是项目执行推进的主要方式。数字化转型需要的人工智能、物联网、区块链和大数据等前沿科技需要专业技术人员解读、分析、应用和整合，这个过程中需要的IT人员需要具有前沿科技的知识和相关的开发能力。同时，这些IT人才能够为产品经理提供可靠的前沿科技解决方案，具有很强的沟通协同能力。

"技术并不总能保证产品竞争力，但是好团队可以。核心竞争力直接来说是我们的产品，产品背后是我们的技术系统，技术系统背后是我们的团队和文化。"中国著名独角兽企业字节跳动的总裁张一鸣在清华经管学院与钱颖一教授对话时解释字节跳动的核心理念——"像开发产品一样办公司"。[1]

数字化团队操作系统模型

在数字化时代，员工和项目团队都已经对敏捷开发和远程合作非常熟悉，众筹团队和外包早已经不是什么新鲜事，这时提组织架构是否已经是一个过时的概念？如果这里的组织架构是指绝对意义上的上下级隶属关系，那么的确已经不合时宜。数字化转型项目需要大量来自不同地方的技术和人员，例如，数据分析师、人工智能开发工程师和网络安全工程师基本不太可能同时隶属于同一个部门；而云计算网络安全更可能是外包给大型科技供应商。对于数字化转型来说，比组织架构更重要的是企业的数字化团队操作系统。

正如计算机操作系统，数字化团队操作系统由一系列约定的规则和功

---

[1] 技术领导力2019年12月19日——张一鸣：人才不是核心竞争力，机制才是！

能流程组成，这些规则和功能流程决定了企业员工和外部人力资源的组织和运作方式，随着数字化转型的深入，这样的操作系统还需要不断升级从而支持转型战略的实施。具体来说，数字化团队操作系统包括不同部门商业实践类项目的边界和与之相配的资源管理方案，大型传统金融企业集团层面会对哪些重要的数字化转型基础建设直接托底支持，怎样确立部门营收利润和数字化转型预算投入的关系，鼓励实施的团队工作方式和最佳团队文化建设实践等。

数字化转型团队操作系统的决策和问责制

数字化团队操作系统中最重要的规则是确立数字化转型决策的问责制。传统意义上的直线领导方式很难有效决策统筹管理拥有来自不同部门不同资源的项目，项目经理虽然拥有对项目的决策权并且对资源的配置拥有很大的影响力但随着项目数量增多，这样的管理方式会显得碎片化缺乏决策的规模效应。

如果说直线领导和项目经理更多属于团队管理范畴中的"硬件"，那么数字化团队操作系统在技术上更符合一个"软件"的概念，也许我们可以通过软件的方式设计数字化团队管理的决策和问责制度。数字化项目的决策过程虽然和很多不同部门相关，但最终的目标一定和 DOV 相关，新型数字化产品能够创造营收增长的 DOV，人工智能的内部流程能够创造降低成本的DOV，这些决策的"软件编程"机制和原则就很清晰了。无论是亲自带队的CDO 还是直接面对客户的产品经理，只需根据这些设计好的机制和原则就能够对较为基本的问题作出相应决策。

当数字化项目不断深入推进，决策的复杂程度也不断加深。如何确认交付物的质量可靠，符合市场期望，反之如果确认失败，那么是否需要问责项目经理还是主持整个数字化转型的 CDO？从"软件编程"的角度来看，定义赋能和问责反馈应该是一个互相平衡的体系，因此根据赋能的轻重不同可以运用下面这样的模型设定项目经理的问责体系。

表1 数字化转型团队赋能和问责的深入程度

零数字化赋能（隶属直线领导）	功能型赋能项目经理	数字化转型办公室赋能	数字化转型办公室负责人	CDO
根据传统金融企业管理方式各司其职	负责根据数字化转型战略搭建团队资源	• 搭建配置团队资源 • 创立项目计划 • 跟踪汇报资源使用情况	• 带领数字化转型团队 • 管理数字化转型项目 • 分配管理数字化转型预算，投入和回报	• 制定数字化转型战略 • 内部和外部合作伙伴及合作方式 • 客户及市场的反馈机制
对直线领导负有管理职责	同时对直线领导和对CDO负责	• 直线领导 • CDO • 数字化项目核心利益相关高管	• CDO • 企业最高管理层	企业最高管理层
无法对数字化转型团队成绩负责	问责团队资源或者功能错配	• 问责资源或者功能错配 • 问责项目计划合理性可行性 • 问责资源变化调整	• 问责所有数字化转型项目相关预算、资源、执行、调整相关问题	• 问责所有数字化战略制定和实施相关问题

数字化转型团队操作系统的压力测试

正如软件操作系统需要经受压力测试，管理层也可以通过类似的方式观察数字化转型团队是否运作顺畅，执行有力。简单来说，这样的压力测试主要包括三部分：说什么、做什么、变什么。

说什么——主要关注数字化转型团队由上至下的沟通是否顺畅，和企业其他运营部门的沟通是否合理，沟通的频率和内容是否符合管理层的期望。大型金融企业的管理层会根据数字化转型的汇总在企业内部较为公开的场合讨论当前的进展和碰到的问题，这些较为笼统的演讲应该通过数字化转型团队准确解读并且不断和相关部门跟进解决相关问题；反之，如果数字化转型团队觉得无法有效沟通或者无法理解管理层的意思，也许管理层需要微调操作系统中设定的规则是否符合实际还是过于激进。同样道理，如果直线领导对部门员工在数字化转型方面的表现不满意，那么类似的意见是否也能够及时有效和数字化转型团队沟通。

做什么——主要关注数字化转型团队的执行力和产出是否符合预期，如果压力过大，需要及时调整资源配置。数字化转型通常是跨部门跨领域的合作，团队成员能够清晰明了看到其他成员当前任务和相关的数字化转型战略非常重要，如果任务过多工作过于繁忙团队成员已经无法随时更新任务进展情况那么很可能需要调整资源配置或者任务顺序等。数字化转型团队成员可能分布在各个不同部门，这些成员的个人业绩考评是否具有标准的模板，能够准确反映他们在数字化转型项目中的贡献和不足也是压力测试的一个重点环节。数字化转型项目的最佳实践是否能够及时推广到相关项目，团队成员对最佳实践的应用等。

变什么——主要关注在执行数字化转型项目过程中，团队成员自身能否率先转型。数字化转型的领导和经理应该能够以身作则主动根据转型需求作出表率，改变工作的流程和方式等。数字化转型团队成员也能够积极主动洞察用户的行为反馈从而对下一阶段任务作出建议。反之，如果内部流程的改变无法被数字化转型团队自身消化吸收或者团队成员无法积极识别指出数字化流程中存在的问题，那么管理层需要及时检讨从而确保内部的数字化转型成果能够得到应用推广，数字化团队运行高效积极主动。

唯变不变的数字化组织构建——IBM 的停滞不前和华为的纵深模式

2020 年 4 月，美国科技界百年老店 IBM 宣布新一轮人事任命，Arvind

Krishna 接替现任 CEO Ginni Rometty（罗睿兰）正式就任 IBM 首席执行官。市场普遍对此项人事任命并不惊讶，此前 Arvind Krishna 负责云计算和认知软件部门已经被视为 IBM 首席执行官的热门人选，不过同时 IBM 面临的环境却也具有相当的挑战性。IBM 的股价已经连续多年疲软，自 2012 年以来下跌了 25%，而例如云计算方面的竞争对手微软的股价在同期增长了 5 倍！根据 Gartner 统计，IBM 在云计算方面的市场份额也不断下跌。以 IaaS 公有云为例，在 2018 年全年 IBM 的市场份额仅为 1.8%，排在亚马逊、微软、阿里巴巴和谷歌之后，名列第 5。IBM 最引以为豪的人工智能项目 Watson 在医疗领域的表现也饱受争议，《华尔街日报》报道仅在 2015 年，IBM 在 Watson 上面的投入就高达 150 亿美元，但 Watson 作为 IBM 人工智能的代表工具，"并没有增加太多价值，有时候人工智能的结果也不准确，IBM 的确承诺了很多，但目前并没有实现"。

上任的第一天，Arvind Krishna 就发表了一封给全体 IBM 员工的信"让我们携手前行"。主要包括四层意义：第一，新冠肺炎疫情当前，感谢全体员工努力，需要所有人设身处地，团结一心，互相理解；第二，IBM 将致力打造混合云（Hybrid Cloud）平台，强调对混合云之旅和人工智慧之旅的策略的理解；第三，重要的领导层任免；第四，在全公司培育和推行一种创业思维，即敏捷、务实、追求速度而非慢条斯理，以便能够从容应对各种不明朗的形势，适应持续多变的环境。

IBM 仍然是一家值得尊敬的美国科技企业，不过如果退回到 23 年前，那时的 IBM 更加强大，而且是中国著名企业华为的老师。华为创始人任正非在 1997 年斥资 40 亿元人民币学费向 IBM 学习战略和管理经验，以 IBM 为榜样，努力让华为逐步走向规范化、职业化和国际化的往事仍然历历在目。"企业缩小规模就会失去竞争力，扩大规模，不能有效管理，又面临死亡，只有加强管理与服务，在这条不归路上，才有生存的基础。"任正非当年对华为的迅猛发展忧心忡忡因此才有了学习 IBM 管理模式的想法。

23 年过去了，华为已经成为全球最大的电信设备供应商和第二大手机制造商，2019 年的全年营收高达 8500 亿元人民币，并且还面临极其艰难的宏观环境挑战和美国政府的各种极端指控和打压封锁。

华为的数字化管理战略之一就是"数字化组织"

2017 年当时的华为轮值 CEO 徐直军对数字化组织作出过下面精彩的论述："企业要成为一个数字化的企业。任何组织，包括企业、政府、非营利组织、学校都要成为一个数字化的组织。只有我们成为一个数字化的组织，才有可能在走向智能社会的进程中不掉队。什么是数字化组织？或者说数字化组织的目标要清晰，否则就找不到努力的方向。我们认为数字化组织应该有以下五个方面的标志。第一，面向员工、面向伙伴、面向客户，数字化企业要能提供 ROADS 体验（Real‑time 实时、On‑demand 按需、All‑online 全在线、DIY 和 Social）。第二，要能充分激发和使能员工。第三，适应快速多变的客户需求和技术趋势，要具备敏捷创新的能力。第四，要具有健康的生态体系。数字化时代，任何一个企业都无法独善其身，企业只有两个选择，要么参与生态，要么主导生态，没有其他选择。只有融入、参与或主导健康生态，才可以更好发展，更好地抓住机会。第五，实现智能的运营。充分利用大数据、人工智能技术，使得整个企业实现自动化决策、智慧化决策，提升决策的效率和质量。数字化的组织未来应该达到的目标，是我们要持续不断讨论和探索的课题。只有进一步把数字化企业或者数字化组织的目标定义清楚了，走向目标的过程中才会有清晰的方向，从而少犯错误。"

对于数字化人才培养与发展能力的课题，咨询公司德勤在 2017 年研究后发现华为的人才发展模式具有独特的两种模式：基于职场生涯的人才发展模式和基于问题的人才发展模式。

基于职场生涯的数字化人才发展模式	基于问题的数字化人才发展模式
"体系化"：周期长＋阶段性	"短频快"：周期短＋频率高
"未来时"导向的数字化人才发展模式	"现在时"导向的数字化人才发展模式
"以人为本"（People – Oriented）：基于对员工未来职业发展需要，从任职资格的角度发展员工未来升职所需要的能力素质，多层次多维度的体系化发展数字化人才	"以事为本"（Issue – Oriented）：基于企业当下所需要解决的问题，有针对性地发展及培养解决企业当亟须解决的问题需要的数字化能力
有助于员工职业发展与企业发展一致性	有助于员工快速填补技能水平与绩效要求的差距

华为对于数字化人才的培养深度不仅于企业内部，而且向上游延伸到了高校。根据华为发布的全球产业展望 GIV 2025 报告，到 2025 年，全球存储数据量将高达 180ZB，企业的数据利用率将达 86%。拥抱数字经济，实现数字化转型是企业发展的必由之路。华为携手产业合作伙伴宣布成立基于鲲鹏智能数据联盟的数据库产业推进组，并将围绕数据库产业发展，发起 GaussDB 高校金种子发展计划，共同繁荣数据库产业生态圈。培养数据库人才是数据库产业发展的重要环节。华为将发起高校金种子发展计划，并提供 1.5 亿元人民币的 GaussDB 创新研究启动基金，与高校展开 GaussDB 实训课程，未来将提供实训环境及行业伙伴实习就业的机会，推动数据库的技术创新。同时将成立十大 GaussDB 高校联合创新实验室（包括本次峰会上与华东师范大学、武汉大学、重庆邮电大学及清华大学大数据系统软件国家工程实验室共同揭牌的四大 GaussDB 数据库创新实验室），与权威专家一起打造世界级数据库产品，促进科技成果产业化。

2020 年 4 月，Gartner 发布全球科技服务市场份额统计报告，在全球云计算 IaaS 的市场上，华为云是增长最快的供应商，市场份额在中国市场排名第三，在全球范围排名第六。也许 23 年以后，华为的数字化管理实践也会给当年的老师 IBM 一些启发，毕竟在数字化时代，唯变不变。

第七章

新冠肺炎疫情加速
金融数字化进程

数字化的 VUCA 时代

当新冠肺炎疫情暴发，大量企业在突如其来的打击下陷入困境的时候，媒体纷纷引用 VUCA 来描述我们当前的时代：易变性（volatility）、不确定性（uncertainty）、错综复杂性（complexity）和模糊性（ambiguity）的英文缩写。数字化时代的典型特征就是很多情况"意想不到地突然发生"，而企业管理层的思维却停留在"按计划行事"和"有组织性的简单"的层面上。

在新冠肺炎疫情暴发之前，我们的世界已经错综复杂。数字化新型技术的快速发展，全球经济的互相依存，地缘政治的不稳定性让大型金融企业的管理层已经头痛不已。这些大型金融企业的管理层面临董事会对业绩的压力，新进入者对现有市场占有者的挑战，不断涌现的替代物产品和自身略显老化却复杂的技术系统。在 2017 年年初，根据著名咨询公司麦肯锡在 2001 年到 2014 年对 615 家美国大中型企业的调研，只有 27% 的企业根据长期战略制定企业的投资决策；到了 2020 年年初，随着全球各种负面因素的不断出现，大部分企业对 VUCA 时代的不确定性更加忧虑，大多数企业的管理层毫无意外地决定将大部分资源投入提高运营效益从而迎合华尔街对亮丽财报的期待；61% 的管理层决定搁置或者缩小数字化转型和创新项目的投入，47% 的管理层甚至在肯定数字化转型带来的价值的同时还是决定推迟对相关项目的投入，因为在过去 5 年短期财报的压力不断增强，管理层陷入了短期利益至上的数字化转型误区。[①]

新冠肺炎疫情突如其来，随着疫情加重和死亡率的不断上升，各国政府纷纷出台限聚令和社交距离的要求，全球经济几乎陷入停滞，银行和金融企业的股价饱受打击，在焦头烂额之际更不用说推进数字化转型项目了……

也许事实正好相反。

著名财经类杂志《哈佛商业评论》在 2020 年 6 月 5 日发布文章《借鉴中国企业抗疫经验》中指出，在新冠肺炎疫情最严重期间，大量优秀的中国企业不但生存下来，能够适应，还能继续创新，甚至在这样的 VUCA 不确定环境下收获增长，因为这些企业大规模地采用数字化科技和新型商业模型，这些行之有效的经验即使在新冠肺炎疫情过后也应该被全世界的其他企业管理层学习参考。[②] 新冠肺炎疫情事实上加速了企业数字化转型的过程，那些数字化转型卓有成效的企业在疫情中的表现更加出色！

危机是数字化转型最大的驱动力

这是今年 IT 业界广泛流传的话，"谁是贵公司数字化转型的领导？A. CEO　B. CTO　C. 新冠病毒"。严肃地说，这并不是段子，在很大程度上新冠肺炎疫情在今年的确推进了数字化转型。

1. 企业工作环境数字化转型。对新冠肺炎疫情最有效的防护手段是隔离，因此大量企业打破惯例，开始鼓励和要求员工在家上班或者远程上班。远程工作和虚拟办公室不是什么新的概念，即使在去年超过40%的美国企业都为员工

---

① 哈佛商业评论 – https：//hbr. org/2017/02/finally – proof – that – managing – for – the – long – term – pays – off.

② https：//hbr. org/2020/06/lessons – from – chinese – companies – response – to – covid – 19 # comment – section.

提供不同程度的远程工作方式①；不过在新冠肺炎疫情暴发之前，这只是作为组织结构的辅助工具或者灾难恢复的用途，然而这一次不同，疫情已经持续了大半年，远程工作和虚拟办公室已经成为企业运营的"新常态"。

第一，企业的 IT 网络和基建未必是围绕这样的"新常态"建设的。十几个人的工作小组通过远程 VPN 网络接入工作和高达几千人的全员通过 VPN 网络接入对企业网络容量，带宽和延迟要求完全不同。过去企业不同办公室之间的 VPN 内部互连需要改造从而能够支持大规模的从外向内的连接，不仅如此，很多位于疫情严重地区的员工可能没有稳定的网络环境必须通过移动网络才能接入，企业级的 VPN 是否能够稳定支持移动网络的连接也是挑战。

第二，金融企业各种内部系统需要权限管理和登录管理，在日常办公室环境下，这些安全方面的措施都是根据内部网络环境设置的，然而远程登录的用户需要同样的安全验证和对相应系统的权限。即使是安全管理相当有效的企业也需要时间才能够确定每一个员工所需的安全权限。在新冠肺炎疫情严重期间，为了能够不间断提供高效客户支持，有些权限需要更新，新的快速响应工作小组需要设立。

第三，在 VPN 接入以后需要的基本必备的办公室软件和企业软件的应用。比较理想的情况是让员工能够在登录以后直接通过虚拟界面获取办公室的应用软件，有关标准应用软件例如微软办公室等的解决方案已经很多也比较成熟，但对于大型金融企业来说，还需要考虑自行开发的内部应用甚至打印和印刷等周边设备的问题。

第四，沟通的方式从面对面的交谈转型为聊天软件或者视频会议，这需要相关的解决方案。例如，微软、思科和 ZOOM 这样的科技企业在新冠肺炎疫情暴发以后迅速将各自的协作办公系统免费公开或者降低门槛，也是因为疫情期间员工沟通的工具是工作环境中最重要的组成部分。另一个

---

① https：//www.condecosoftware.com/modern‐workplace/research/modern‐workplace‐research‐2019/.

重要原因是这些科技巨头的产品都成熟可靠，可以在短时间内迅速安装使用。

2. 面向客户的商业模式数字化转型。金融企业在新冠肺炎疫情期间的客服需求成倍增长，虽然大量基于数字化科技的解决方案，如聊天机器人可以回答标准的问题，但这些方案在疫情期间显得缺乏共情心；人工客服能够在回答客户关心的问题同时尽量安抚客户，而分散在各自不同环境的客服人员不仅各自的健康和工作条件不同，对客服的响应方式和能力也未必相同，这些在过去未必会出现的问题现在却显得紧急迫切，需要管理层及时考虑甚至创新设计客服流程和方式。社交距离的要求不仅推动内部员工的沟通方式转变，也同样影响企业与客户之间的交流互动。由于出差受限，大量企业也通过统一的视频软件和客户沟通，提供在疫情期间必需的客户支持服务。对于市场营销和产品推广这样的销售类活动，大量企业采用网络直播和虚拟会议等方式，不但及时有效而且降低成本。

3. 新冠肺炎疫情期间数字化科技的运用对信息安全的挑战。对于金融企业来说，管理层需要在解决紧急迫切的各种问题的同时，确保信息安全和系统保障。第一个重要考量是通过个人电脑和家庭网络甚至移动网络的远程登录访问是否符合安全标准，如何确保登录内部网络的员工身份的真实性？大多数金融企业已经实施了双因子甚至多因子验证方式，需要内部员工同时在手机和电脑通过验证，但即使在登录以后是否能够继续达到内部信息安全标准？在狭小有限的家庭工作环境中，很难保证其他家庭成员不会看到屏幕上的敏感信息，也许管理层需要额外沟通，确保所有员工理解并且最大限度根据安全规范自律。第二个重要考量是疫情期间不断增加的网络欺诈和网络黑客行为。IT 的安全部门需要及时和监管机构及安全系统的供应商沟通，确保安全防护方面的软硬件都升级完成，同时需要加强对网络流量和内容的监控，确保没有恶意软件的植入或者大规模的攻击。管理层不断推送企业信息和员工保持沟通的同时也在不断提醒员工提高自我防范意识。

表1 新冠肺炎疫情加速数字化转型的 3R 模型

名称	反应（Respond）	恢复（Recover）	改革（Reform）	企业数字化转型价值（DOV）
加速数字化沟通能力	• 网络设施健全 • 企业级 VPN 能够支持全体员工远程登录 • 企业级视频会议和协同工作系统 • IT 能够响应和支持 • 员工能够远程完成大部分工作流程 • 原则上符合信息安全要求 • 原则上符合监管法规需求	• 分析识别加强网络设施合理分布的机会 • 根据商业活动和功能合理安排 VPN 的配置和使用方式 • 稳定的视频会议和协同工作系统 • 总结信息安全和监管法规的合规情况 • 内部员工适应习惯数字化沟通	• 企业新常态的工作方式和人力资源配置方式 • 根据企业覆盖面的需求，完善 VPN 的规模和技术规范要求 • 设想新常态的内部员工和外部客户视频会议系统规划 • 实施符合虚拟办公室要求的信息安全更新	✓ 远程协同工作效率考量 ✓ 客户流失最小化 ✓ 视频会议取代不必要的出差
加速数据驱动决策能力	• 远程工作员工能够访问必要的数据 • 迅速搭建并启用与疫情相关内部数据库 • 管理层识别了解员工健康状况并作出资源配置调整 • 与行业联盟和监管机构就疫情数据共享	• 识别现有数据系统在疫情期间的表现特征和不足 • 识别现有数据系统在疫情期间的频繁使用状况 • 疫情期间客户数据的变化更新和趋势分析 • 评估新常态下的数据需求	• 合并重组数据类项目突出调用频繁需求广泛的项目 • 加速云计算平台的建设，综合评价数据的价值并移植相关大数据系统上云	✓ 基层员工和经理能够依据一致的数据作出判断 ✓ 客户活动的数据能够在短时间内和不同部门分享 ✓ 基于数据规律研发新产品和服务 ✓ 利用历史数据验证新产品和服务的功能
加速自动化服务能力	• 现有自动化流程继续运转正常	• 识别疫情期间自动化不足的领域，例如客服中心 • 识别自动化需要的数据来源 • 现有自动化流程的系统整合或者监控	• 设计搭建基于数据的自动化系统，降低基础处理流程对人工的依赖 • 设计开发基于人工智能的自动化流程，重塑现有商业流程 • 设计开发符合监管合规要求具有灾难预警和自动恢复的自动化监管信息更新系统	✓ 降低基础流程的运营成本 ✓ 提升基础流程的运营效率（自动化机器流程不会生病） ✓ 增加人工智能流程在企业内的应用

续表

名称	反应（Respond）	恢复（Recover）	改革（Reform）	企业数字化 转型价值（DOV）
数字化时代的共情心和企业关怀能力	● 了解企业员工面临困难和需要的帮助 ● 管理层及时准确地和一线员工通过数字化手段沟通 ● 灵活有效，人性化管理的疫情期间工作方式	● 识别并解决疫情期间突出的组织结构问题 ● 完善员工反馈渠道 ● 加强远程工作的领导能力	● 新常态的中心化和远程办公结合的工作环境 ● 新常态的以人文本的企业关注渠道和资源	✓ 员工成就感和对企业满意程度

随着疫情局势在不同国家和地区的逐渐缓和，返回办公室正常工作也提上了日程。金融企业的管理层需要在积极计划返工返岗的同时，根据疫情期间的数字化进展对企业的工作环境和模式进行深层次的思考。返工返岗的计划包括员工健康，后勤相关的计划和备案，疫情反复相关的灾难防护预案，企业各个分支机构不同地区不同工作方式的协作和互相支持计划等。对于疫情期间的远程办公和虚拟办公室等临时措施，现在是能够仔细回顾并且设计新常态的数字化工作环境的好机会。

根据疫情期间的暂时性运营情况，我们可以根据人员是否必须实际在办公室和现有流程中的数字化赋能情况划分出四个不同象限：

左上角的第1个象限中的企业职能不一定需要在办公室办公，但目前缺乏数字化办公的定制流程，或者虽然在疫情期间的临时数字化项目已经初有成果，但管理层相信仍然有进一步提升的空间。因此可以主要探索人工智能和云计算的项目方向，扩大数字化转型的覆盖范围，进一步打造新型商业模式。

右上角第2象限的实际情况是基于客户需求，商业模式或者监管需求，人员必须在办公室办公但同时数字化赋能的可操作性空间很大的这些职能，例如银行的前台工作人员，投行需要监管合规的交易员，需要和内部用户及时沟通的项目设计人员等。这些职能仍然需要大量面对面

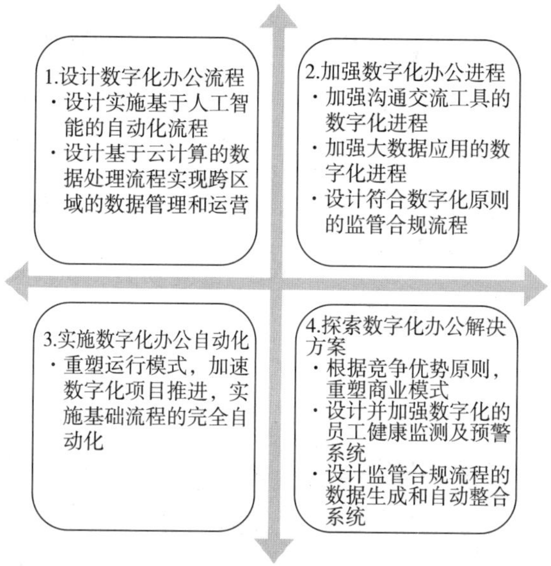

图1　数字化办公示意

的交谈和讨论，但同时数字化转型的需求明显，因此需要寻找准确的切入点增加数字化转型项目的投入，通过数据驱动和自动化的工作流程加强数字化进程，使这些看上去属于行业标准的职能体现出差异化的成本竞争优势。

左下角的第3象限是需要迫切实施数字化转型的工作职能区域。这些企业职能并不一定需要在办公室办公，但目前工作流程中数字化的元素太少，因此管理层需要强化价值发现的原则，重塑运营模式，推动基于数字化技术的自动化，逐渐将宝贵的员工资源从繁重的基础流程中释放出来。

右下角的第4象限的实际情况类似于第1象限，不同的是目前来看数字化赋能的可操作性不大，例如，负责数据中心的管理人员或者人事后勤这些和员工直接打交道的企业职能。在后疫情时代，员工健康和心理咨询的场景会增加，因此探索相关的数字化转型项目，让这些部门能够更加高效为企业服务也是工作重点之一。

疫情推动行业数字化——远程办公和我国远程银行创新实践[①]

2020年4月，新冠肺炎疫情仍然以前所未有的速度和破坏力在全球蔓延，社交距离和自我隔离这些原本生疏的词汇成为每天的常用语，人们在努力照顾自身和家人健康的同时更加担忧所属企业的复工复产能力和工作前景。根据埃森哲咨询在3月底的紧急调研，美国消费者群体表示对自身健康非常忧虑的占比64%，表示对社区其他成员健康非常忧虑的占比81%，然而表示对经济影响非常担忧的占比高达88%。大量美国公司面对新冠肺炎疫情的威胁，为了降低员工在办公室的社交距离，鼓励甚至要求远程办公，金融企业作为办公室人员密集，同时数字化程度非常高的行业，基本都毫无意外地转变为在家办公。

美国CNBC电视台在4月初采访了高盛集团的CEO David Solomon，Solomon表示高盛集团98%的员工都已经远程办公，"面临这样（极端）的情况，形势要求我们从不同角度思考问题"。在另一篇专访中，高盛集团首席技术官Atte Lahtiranta较为详细地分享了高盛集团远程办公的心得。"我们拥有非常给力的团队和扎实韧劲十足的现有灾难防护系统，因此能够在疫情暴发初期短短两周内完成过去需要十年的工作。由于我们亚太地区最先面临疫情的挑战，因此他们在远程办公方面颇有心得，所以我们能够借鉴很多亚太地区的经验。我们号召所有同事齐心协力，重点解决以下

[①] https：//www. accenture. com/cn – en/about/company/coronavirus – digital – commerce – impact.
https：//www. cnbc. com/2020/03/23/what – coronavirus – means – for – the – future – of – work – from – home. html.
https：//www. cnbc. com/2020/04/03/goldman – sachs – ceo – remote – work – policies – could – attract – new – employees. html.
https：//www. finextra. com/newsarticle/35594/covid – 19 – goldman – cto – says – remote – tech – working – flawlessly.

关键问题：视频会议系统，基于移动和软件的电话系统，远程登录的办公室桌面系统和客户相关的客服中心系统等。当然能够让所有同事远程登录的办公室桌面系统是远程办公的基石，企业内聊天工具 Symphony 能够让同事们即时或者异步安全接收内部信息，我们也安装了 Zoom 视频会议系统，我们甚至还为家里附近信号不好的同事安装了移动网络 LTE 和 5G 的路由器。从长期来看，即使疫情消退，远程办公仍然会在金融行业颇受欢迎，毕竟大家都能够省下两个小时的通勤时间……"

通勤时间的节省仅仅是一个因素，新冠肺炎疫情在不知不觉中已经将远程办公这一原来属于高级管理人员的权利平民化，随着金融企业投入大量资金改造现有网络和办公环境，配置大量数字化办公协作的工具，更新或者创建大量基于远程办公的流程，远程办公的优势即使在疫情过后仍然会继续显示出来。根据 CNBC 在 3 月底的另一篇报道，如果企业员工每年一半时间在家办公，平均能为企业节省 1.1 万美元的开支，对于金融企业和从业人员来说，疫情期间实践证明远程办公并不会让运营效率降低，因此对大多数员工和企业来说是双赢的局面。

这样的预测让很多纽约华尔街金融企业开始考虑后疫情时代的办公需求，其中最鲜明的信号是对曼哈顿商业房地产的需求下降。根据彭博社在 7 月 20 日的报道，大部分美国企业认为到 2020 年年末大约 40% 的员工能够回到办公室工作，然而新冠肺炎疫情带来的经济衰退和远程办公的成功实施却同时推动美国企业考虑降低在大城市的办公需求，大约 1/4 的企业希望将目前的办公空间降低至少 20%，另有 16% 的企业考虑将企业从大城市搬出去。

对于我国金融企业来说，远程办公早已不是新鲜话题，金融数字化的发展和新冠肺炎疫情的挑战使各家银行努力提高智能客服，智慧运营等业务从而体现价值，中国银行业开始进入"远程银行"的新阶段。

自 2020 年年初以来，中国的金融监管部门积极推出一系列政策和措施，要求银行优化丰富"非接触式服务"渠道，提供安全便捷的"在家"金融服务。

"工商银行远程银行中心成立于 2018 年，属于渠道板块，定位为"全渠道服务中心、共享连接中心与远程营销中心"。工商银行远程银行中心通过完善"智能＋人工""线上＋线下""远程＋近场"，不断深化线上线下的渠道一体化融合，将智能客服推广到"融 e 行""融 e 联"及微信等二十多个服务渠道。此外，"百度知道"为工商银行搭建了一个重要的"线上门面＋客服平台"。

招商银行创新的远程服务模式"服务＋运营＋经营"，隶属于大零售板块。在渠道建设方面，涵盖招商银行远程银行、招商银行 App、掌上生活 App 及其微信公众号渠道。一方面，着眼于金融属性，2016 年远程银行中心开始双金客群远程集中经营，将手机银行作为远程经营的主要阵地，实现与客户的线上交互。以数据分析为驱动，利用客户在手机银行的各类交互数据，进行客群的细分、画像、分群及建立各类经营模式。另一方面，发力在非金融属性，覆盖多元化生活场景，如衣食住行商户联盟、便民平台、社保、财政非税业务、云缴费业务、智慧停车、教育、医疗等。

民生银行的远程银行模式着力打造"有温度的线上银行服务"，隶属于大运营体系。2018 年 9 月，民生银行发布"远程银行 1.0"，对外提供四项服务：一是基于面对面"视频"的交易服务；二是基于多媒体咨询服务的"云管家"服务；三是财富管理服务；四是直客贷款服务。依托业务集中运营与空中客服团队，借助身份识别、高速音视频传输、智能语音等技术，结合线下物流交付体系建设，打造"足不出户、触手可及"的全新远程银行服务模式。"①

---

① 《中国金融》｜疫情催生远程银行新业态 - 5/28。

第八章

华尔街的数字化竞争之路

交易网络速度的竞赛

"对一个门外汉来说，这些屏幕上涌动的数字洪流只会使他头晕眼花，不知所措。但是，对于交易员来说，它们是宝贵的信息，市场的命脉。市场的边界不超过信息能够及时到达的范围，这条 1792 年的古老规律至今仍然适用。最好的价格出自最大的市场，这一规律依然成立。"——伟大的博弈[①]

美国金融行业经过 200 年的发展在 20 世纪 70 年代进入大规模电子化时代，美国监管机构根据市场发展推出一系列对后来影响深远的监管规则，其中的核心监管原则就是全国市场系统（National Market System，NMS），要求美国各个不同的证券交易所汇总发布股票市场报价和交易的数据，确保市场的公开和透明。为了能够执行股票市场报价和交易的数据发布，在 NMS 监管规则的督导下，纽约证券交易所设立了"汇总报价联合会"（Consolidated Tape Association，CTA）而纳斯达克同样设立了"非挂牌交易权限"（Unlisted Trading Privileges，UTP）作为报价数据发布的执行机构，而这些机构用于向全美交易员汇总发布数据的计算机系统被称为"证券信息处理器"（Securities Information Processor，SIP），在这个时期美

---

① 约翰·S. 戈登著——伟大的博弈，祁斌编译（注：1792 年纽约证券交易所成立）。

国证监会是不允许各大证券交易所在 NMS 监管之外自行发布交易数据的。

来到 21 世纪随着美国金融市场一系列的监管规则放松，在 2005 年美国证监会推出 NMS 监管规则（Regulation National Market System，Reg NMS），其中重要的改变是不再禁止证券交易所自行发布交易数据，但自行发布的交易数据必须与 SIP 同时发布以确保全国市场的公平性。[1] 不用多久，敏锐的华尔街发现了 Reg NMS 虽然立法的初衷是市场公平透明，但其中有一个重要的缺陷——只要求证券交易所自行发布的交易数据必须与 SIP 同时发布，但没有说明 SIP 的（网络）速度，因此也没有要求（事实上也的确不可能）市场上的交易员同时收到报价和交易数据。[2] 一场争夺更快交易网络速度的军备竞赛在华尔街上由此开始了，各大投行，券商和基金都不遗余力投入巨资为了能够比 SIP 更快、比竞争对手更早一步获得证券交易所自行发布的交易数据。以纽约证券交易所为例，自行发布的市场交易数据和 SIP 之间的示意图如下。

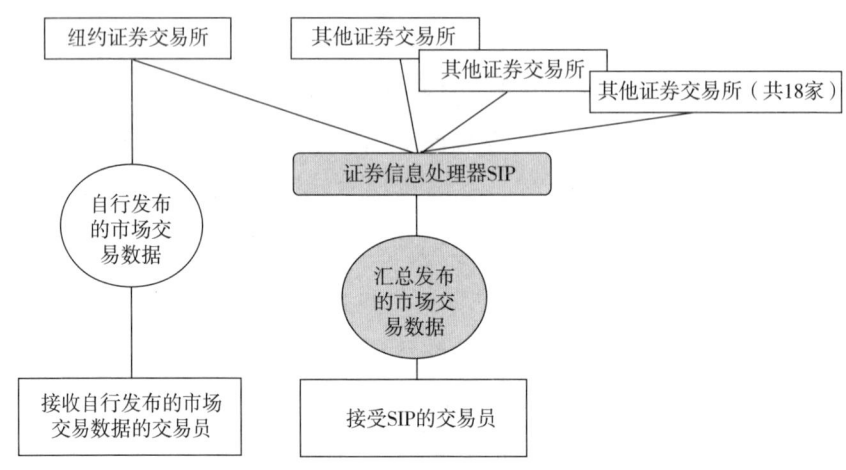

图 1　市场交易数据和 SIP 之间的示意

---

① https：//www. sec. gov/rules/final/34 – 51808. pdf 美国证监会 603 号监管规则。
② 迈克尔·刘易斯——闪电小子。

华尔街对交易网络速度的渴求催生的竞赛主要围绕三个重要环节：

第一，降低网络延迟从而能够领先其他交易员率先获得市场交易数据。CTA 公开数据显示，在 2011 年 SIP 的网络延迟在 1 毫秒左右[①]，即千分之一秒；到了 2020 年 SIP 的网络延迟已经降低到了 71 微秒[②]，即百万分之 71 秒，而纳斯达克的 SIP 执行机制 UTP 的网络延迟已经降低到了 14 微秒[③]，接近当前技术传输手段的物理极限！证券交易所自行发布的市场交易数据的网络延迟和接收方的地理位置和物理距离息息相关，因此并没有统一的标准。

第二，改造自身交易系统提高交易分析处理速度。2019 年高盛集团宣布启动"Atlas 项目"在未来三年将投资 1 亿美元彻底改造股票交易系统，改造完成以后高盛的股票交易网络延迟可以从目前的几百毫秒下降到 100 微秒之内！[④] 美国股票交易市场历史上都是由摩根士丹利、高盛和摩根大通基本上占主导地位，然而随着全数字化的高频交易商的崛起，股票交易的竞争愈发激烈，盈利也愈发困难；这三大华尔街头部企业在股票交易方面的盈利总额在 2019 年虽然高达 114 亿美元，但仍然比 2018 年下降了14%，因此自身的数字化全面改造是在这个割喉竞争市场的唯一选择。[⑤]

第三，反其道而行之，利用"减速器"人为增加网络延迟，彻底改变业界竞争方式。在迈克尔·刘易斯的畅销书《闪电小子》中就推销了利用"减速器"改变股票交易军备竞赛格局的 IEX 交易所，其核心技术就是在证券交易撮合系统之前通过安装大量额外光纤人为增加 350 微秒的网络延

---

① https：//www. ctaplan. com/metrics.

② https：//www. ctaplan. com/publicdocs/ctaplan/CTAPLAN_Processor_Metrics_2Q2020. pdf.

③ https：//www. utpplan. com/DOC/UTP_Website_Statistics_Q2 - 2020 - May. pdf.

④ https：//www. cnbc. com/2019/08/01/goldman - spending - 100 - million - to - shave - milli-seconds - off - stock - trades. html.

⑤ https：//www. cnbc. com/2019/07/29/how - stock - stock - trading - became - streets - winner - take - all - battleground. html.

迟。① IEX 也因运用这项新型技术获得证券交易所牌照，目前的股票交易市场份额在 3% 左右。不过，华尔街对这样的商业和技术模式也没有完全认可，一方面，这样的人为延迟未必完全符合 Reg NMS 的"立即和自动"市场数据发布原则；另一方面，其他证券交易所当然也可以通过类似的手段增加网络延迟，那么有会陷入同样的竞赛，市场也不会因此变得更加公平。也因为这些顾虑和问题，IEX 成立以来股票交易市场份额在今年 6 月已经逐渐下降到 2% 以下。

2020 年 7 月 13 日，纽约证券交易所宣布"汇总报价联合会"CTA 已经成功将"证券信息处理器"SIP 报价机制升级到基于 Pillar 核心交易技术系统，股票报价的数据延迟因此降低了 75%，中位数从过去的 61 微秒下降到只有 15 微秒，即使在网络繁忙的高峰时期都能够表现稳定，让所有投资人都能够获得超低延迟的报价服务，而且纽约证券交易所"不会因此增加证券行业任何成本开支"。②

DPO 会颠覆 IPO 吗

DPO 的全称是 Direct Public Offering，翻译成中文就是"直接公开上市"。我们熟悉的 IPO 中文是"首次公开上市"，和股票交易一样，通过 IPO 融资发行上市也是投资银行最基本也是最核心的业务之一。2018 年 4 月 3 日，著名流媒体音乐公司 Spotify 在纽约证券交易所通过 DPO 的方式上市同时开始交易，不但没有发行新股，也没有华尔街投行作为承销商；高盛和摩根士丹利等投行只能作为上市财务顾问参与而不是以承销商和辛迪加财团的身份参与，因此收到的费用也就比传统 IPO 少了很多。虽然

---

① https：//iextrading.com/about/press/op－ed/.

② https：//www.nyse.com/data－insights/investments－in－consolidated－tape－infrastructure－yield－ultra－low－latency－for－investors.

Spotify上市大获成功，但从华尔街的角度来看，DPO似乎不是什么好消息，甚至有可能颠覆了IPO市场。

首先，我们需要区分一下DPO和IPO的不同。在传统IPO发行上市过程中，上市企业和承销商合作，先通过不断路演获得投资人的认可，然后基本确定定价区间并且发行新股，承销商组成的辛迪加根据定价购入这些新股并且分配给各自的机构客户，在第二天一早挂牌上市根据公开市场的需求交易上市企业的股票。在这样的传统IPO上市过程中，一方面，上市企业需要发行新股获得融资，同时根据锁定期不得马上卖出；另一方面，华尔街作为承销商承担了股价波动的风险但也因此获得巨额利润，更不用说高达2%～7%的融资总额作为承销费用了。因此华尔街投行对IPO市场竞争激烈，然而数字化时代的到来推动了这一古老的商业模式转型，DPO就是其中一个重要的转型表现。

以Spotify为例，DPO具有四个明显区别于传统IPO的特征。第一，企业不需要发行新股进行融资，也就是说上市的目的不是获得更多资本。第二，企业在上市的同时直接开始股票交易，这些股票来源于现有股东和企业的员工。第三，交易价格完全由市场决定，上市前企业仅说明一个参考价格，但这个参考价格完全不具有任何约束力。第四，企业通过DPO上市由于不发行新股因此也没有承销商，因而整个上市过程的费用比IPO低廉很多。

像Spotify这样的企业之所以有底气能够通过DPO方式上市，最直接的原因是企业自身资本充足，不需要通过IPO融资，同时Spotify早就是热门的App应用，不需要通过路演过多介绍企业的盈利模式和主要产品等。Spotify的董事会和管理层在上市前也不断强调企业的创新本质和希望对所有投资人都公平对待的原则，因此选择DPO直接上市的模式。正如当天纽约证券交易所总裁汤姆·法雷评论的那样——"Spotify是一家独特的企业，这种独特性体现在他们的资本源源不断，全球品牌效应和超过7000万的用户。符合这些条件的企业全球也找不出几个，因此他们喜欢这样的

（DPO）上市方式……我不会因此就跳跃性地认为这将对 IPO 的模式产生革命性的颠覆……"

随着 Spotify 的 DPO 上市成功，另一家类似的高科技企业 Slack 也通过 DPO 上市成功，可以预见 DPO 虽然未必适合于每一家企业，但仍然会有更多的新兴科技企业选择这样的挂牌上市方式。

对于华尔街投行来说，IPO 市场近年来也的确表现不佳，例如，在 2019 年全球 IPO 市场排名第一的摩根士丹利总承销额比上一年下降了 28%，排名第二的高盛则下降了 22%。

华尔街的对策是数字化转型——确切地说是加速 IPO 过程的自动化，降低 IPO 的运营成本。根据彭博社的报道①，高盛集团在近年成功推出了 "Deal Link" 系统，将 IPO 运营过程中高达 127 个基础步骤作不同程度的自动化处理，从而大大降低了对初级分析师的需求，能够将宝贵的分析师资源协调到更重要的部门去。过去需要分析师人工处理的合规检查，法务顾问等 IPO 相关步骤，能够通过互相连通的银行内部系统完成，并且自动生成报告及跟踪相应的合规和法务等检查流程②。虽然和雄心勃勃的数字化转型相比，这样的系统未必采用新型技术或者创新商业模式，但华尔街在 IPO 市场环境不佳竞争激烈的情况下通过自动化和数字化提高工作效率、降低成本是不争的事实。

M&A 并购流程的数字化转型应用

华尔街的交易员会对所有信息进行分类，以了解什么是安全的，什么

---

① https：//www. businessinsider. com/goldman – sachs – found – a – way – to – automate – deal-making – tasks – usually – managed – by – investment – bankers – 2017 – 6.

② https：//www. businessinsider. com/goldman – sachs – found – a – way – to – automate – deal-making – tasks – usually – managed – by – investment – bankers – 2017 – 6.

可能会是非法的。这里有"白色优势"类信息。显而易见，这是任何人都可以在研究报告或公开文件中找到的信息。"黑色优势"显然是非法的那类，如果交易员拥有这种信息，相关股票投资应该立即受到限制——至少理论上如此。然后，就是"灰色优势"类，这是比较棘手的一类信息。倾心投入的那些分析师随时会遇到这种信息，机构投资者必须对信息进行严格的分类管理。[①]

华尔街传统的企业并购业务讲究人脉和信息，投资银行家在不同企业之间牵线搭桥，买家能够通过收购迅速发展，卖家能够套现或者获得在更大平台上经营的机会，成功的并购案需要大量的信息和企业情报用于支持财务分析、法务分析、市场和销售分析等尽职调查任务。随着数字化时代的到来，华尔街投行的并购生意流程也发生了很多重要的变化。

传统意义上的并购包括兼并和收购，兼并指两家独立企业合并组成一家企业，通常由一家占优势的公司吸收另一家或者多家公司；收购指一家企业用现金或者有价证券购买另一家企业的股票或者资产，以获得对该企业的全部资产或者某项资产的所有权，或对该企业的控制权。[②] 有关这样传统意义上的并购流程的资料已经很多了，这里不展开讨论，但有一点共性就是，负责并购流程的投行银行家经验丰富、人脉广泛，能够在初期为买方企业寻找符合战略要求的目标企业，在并购中负责估值分析和谈判，帮助并购双方展开尽职调查，在并购最后阶段中负责大量文件的起草和执行完成等。当然投行在这个过程中收取高额的费用，根据 Dealogic 公司和《华尔街日报》的统计，在新冠肺炎疫情暴发前的 2019 年，并购业务为全球的投资银行贡献的费用总额（营收）高达 258 亿美元，排名第一的高盛

---

① Sheelah Kolhatkar——亿万·围剿华尔街大白鲨.

② MBA 智库百科 – https：//wiki. mbalib. com/zh – tw/％E5％85％BC％E5％B9％B6％E6％94％B6％E8％B4％AD.

集团并购业务收入高达 28 亿美元。① 不过，根据英国《金融时报》的评论，在 2019 年由于跨境并购的难度增加，华尔街投行这样的业绩其实比 2018 年下降了 5 亿多美元，其实除了宏观环境以外，数字化转型正在改变传统意义上的并购流程，而这样的改变却会进一步影响并购业务的营收。

标准化的流程正在降低投行参与中小型并购的价值和动力，更重要的是数字化科技的运用在很大程度上对并购流程而言是一个"去中间化"的过程。并购初期的战略调研需要大量的数据信息支持，因此市场上出现了一些小型专业的公司。如 CapTarget，利用自有的数据和其他科技手段帮助并购方完成初期的调研报告，具有"外包"的性质。对于并购方来说，这样的服务价廉物美；对于华尔街投行来说，直接购买专业定制的报告可以加速立项过程，制定目标客户清单和初步的估值等。又如 Mergermarket（Acuris）的手机应用可以提供很多并购银行家的个人资料和过往业绩，提高了业界信息透明度，为并购双方选择投行提供数据支持。对于投行来说，另一家以数字化平台为商业模式的并购服务供应商 Axial 对华尔街投行的现有模式颠覆意义更大。正如彭博社描述的那样，Axial 就是并购市场的约会软件，② 并购双方的管理层或者投行或者股东可以将自身的企业条件输入到 Axial 的平台，然后平台会根据大数据算法提示符合条件的并购方，用户手指轻轻向右滑就可以联系对方谈谈并购交易了，和热门的约会软件竟然如出一辙！当然，目前 Axial 平台上的并购案例都来自小微企业，而不是华尔街热衷的大型并购交易，不过正如同数字化转型都是从市场边缘开始的，这样的平台很可能会在未来颠覆我们对并购交易的认知。

数字化时代对并购的影响不止于并购的数据流程，更深刻的影响来自对并购的途径和方法。无形经济具有很强的外溢效应，即企业能够轻而易

---

① http：//graphics. wsj. com/investment – banking – scorecard/.

② https：//www. bloomberg. com/news/articles/2015 – 12 –03/it – s – tinder – for – m – a – swipe – right – if – you – want – to – buy – this – company.

举地利用他人的无形资产投资。如果企业能够充分利用自身的无形资产投资，或特别善于吸纳其他企业的无形资产投资，就能够借此获得良好发展。[①] 因此并购的时间窗口就很重要，时间窗口又会决定融资方式和估值等一系列相关决策。

首先，从融资方式来看，估值的准确性对并购成功的价值有重要意义。对于并购的买方来说，需要根据大数据推算目标公司未来的价值和市场接受程度，同时根据自身无形资产的优势，作出合理的融资组合安排。一般来说，买方的股东即使了解目标企业的价值也会促使管理层考虑利用自身无形资产作为谈判筹码，而不是过度依靠现金或者股票完成收购，从而避免现有股东权益被目标企业的无形资产过度稀释造成不确定性增强。

其次，双方尽调的过程可能会更多考虑依靠大数据模型推算未来数字化商业模式成型以后的估值，而不是过于纠结当前的资产。从简单的网页内容和数据的抓取过滤清洗到社交网站舆情的趋势分析，这些都会体现在数字化的尽调过程中。在这样的尽调过程中，双方可能都会需要数字化领域的专业人士评估并购完成后的企业是否有能力获得新型科技，进入新型市场这些数字化的协同能力而不仅仅是财务上的价值体现。根据埃森哲咨询公司在 2018 年进行一项调研，在以增强自身数字化能力为主要驱动力的收购方企业中，57% 的企业管理层修改了并购的一贯途径和方法以适应数字化企业的要求。[②]

最后，自我更新的数字化并购途径和方法能够更好地促进并购后企业的数字化实践和整合。在同样的埃森哲调研中，85% 的管理层认同这样的新型并购倒逼收购方企业研究自身的数据匹配程度，从而催生了适合并购后企业运营的数据战略。一般来说，企业内部数字化转型成功能够有效地支持数字化的并购，同时也能够加速并购后企业迅速形成数字化优势的过程。

---

① 乔纳森·哈斯克尔；斯蒂安·维斯特莱克——无形经济的崛起。

② How Technology is Changing M&A in the US – Accenture Strategy.

研报还在，研究员不再

投行的研究报告（研报）是华尔街最古老最传统的业务之一。投行的研究员根据银行的一贯报告格式给客户提供相关股票的基本分析和技术分析并且推荐买入或者卖出，同时研报也会分析相关行业板块和宏观风险等内容。大型投行的研报一般包括比较固定的格式，例如企业的基本信息包括股票代码、所在行业、当前股价、流通量等已经公开的信息，研报的重点当然是投资分析和推荐部分，包括目前目标企业的主要业务进展和营收预期，市场估值和技术分析，推荐客户买入卖出或者调整仓位的价格区间等。① 对于华尔街的大型客户来说，这些研报很多时候都是免费的，华尔街当然没有免费的午餐，当客户根据研报的推荐让投行执行交易时，这些交易产生的佣金就是交易部门重要的营收来源，尽管事实上没有任何义务必须让同样的投行执行这些交易，但这样基于互利的长期合作关系是华尔街的商业模式基础。另一个比较隐晦的方式是用研报内容间接支持承销和并购这些投行业务，尽管在研报部门和投行部门之间必须设立严格的防火墙，研报部门基于完全公开的市场信息和数据发布的报告并没有任何问题，只是很少会出现针对自己客户的"卖出"建议。

2018 年 1 月《欧盟金融工具市场指导》正式生效，市场简称 MiFID（Markets in Financial Instruments Directive），MiFID 旨在促进欧盟形成金融工具批复意见零售交易的统一市场，同时在多个方面改善对客户的保护，其中包括增强市场透明度出台更符合惯例的客户分类规则等。不过 MiFID 诸多条款中，"最为立竿见影且最受关注的一条是对交易佣金的最新规定。一般而言，投资银行向基金公司提供各项交易服务和研究咨询服务，应该

---

① https：//www.cfainstitute.org/-/media/documents/support/research-challenge/challenge/rc-equity-research-report-essentials.ashx.

收取"交易佣金费"和"研究服务费"，但在现实中，投资银行并不会单独对基金公司收取"研究服务费"，而是将其"打包"在交易佣金中。MiFID II 立法委认为，通过交易佣金来支付研究费用（或其他服务）存在一定诱导风险，为了确保买方的交易执行和卖方研究之间不存在任何默契关联，基金经理再也不能免费从经纪商和投资银行处获得投资研究报告。投资研究的成本与交易成本"分离"将减少潜在的利益冲突。"① 毫不夸张地说，MiFID 因此颠覆了华尔街的研报业务。完全从技术上分析，投行可以设立单独的"研究服务费"账户对研报实行标准收费，然而在实际操作上复杂苛刻的监管要求会大大提高收费研报的运营成本让这样的业务基本无利可图。事实上，无论华尔街怎样推销研报，阅读这些 PDF 文件的核心用户人群在下降是不争事实。根据独立调查机构 Quinlan & Associates 在2017 年的调研，全球最大的 15 家投行每周一共向客户推送的各类研报高达 4 万份，但用户仅打开阅读其中不到 5% 的文件，即使打开以后用户也仅仅快速浏览研报第一页的综述和推荐，实际阅读内容不到 1%。②

投行研报的商业模式面临监管方向的压力和不断降低的用户黏性，数字化和智能化的研报应运而生！

2017 年 CNBC 采访了加拿大皇家银行的交易部门高管，意外发现这家加拿大最大的投行股票部门新进招募的员工有七成是工程师背景，③据报道加拿大皇家银行拥有 200 多个数据分析师，而且从 2018 年起就开始大规模应用人工智能的机器学习生成研报。最典型的案例是当著名墨西哥风味快餐店 Chipotle 在 2017 年发生食品安全方面的丑闻时，加拿大皇家银行的人工智能系统能够快速从社交媒体网络分析舆情并且生成了

---

① http：//finance. ce. cn/rolling/201801/08/t20180108_27615010. shtml.

② https：//www. quinlanandassociates. com/wp－content/uploads/2017/03/quinlan－associates－research－dotcom－1. pdf.

③ https：//www. cnbc. com/2017/03/29/rbc－capital－markets－machine－learning－trading. html.

著名的研报"最坏的情况",大多数读者并不能察觉研报中人工智能的分析结果。[①]

这样应用人工智能生成研报的优越性显而易见。首先,如果投行的分析师需要对全球化企业或者外国企业的经营情况作出分析,就必须精通多种语言;同样道理,对于华尔街来说,要让中国的客户看懂研报就必须先将研报翻译成中文。这样的多种语言环境的需求对华尔街的分析师来说不仅耗时耗力而且未必准确,但对于人工智能来说采集不同语言的信息和同时生成不同语言的研报简直轻而易举。

其次,在不停重复中确保准确性和客观性。对于传统意义上的人工分析师来说,研究产品,流程和舆情是一项繁重而且复杂的工作,随着时间的推进和数据的积累,很容易根据初期数据产生主观意见,然而人工智能就不会因为工作繁重而出错。在同样的 Chipotle 研报过程中,人工智能就能够基于负面社交评论居多的事实更快更准确地算出根据舆情趋势,得出这家企业的股价仍然将进一步走低的结论。

最后,速度。研报的关键在于获得客户的阅读时间,然而人工分析师需要更多时间分析突发事件并且撰写研报。人工智能能够更快地根据公司的新闻发布迅速根据现有逻辑抽取数据然后编写研报,随着机器学习的速度和能力不断提高,这样的研报质量会不断提高,甚至在新闻发布几分钟后就可以编写完毕交付客户。

这些优势加上人工智能所需的基础建设门槛不断降低,大量独立第三方的研报机构应运而生。这些机构并不属于任何一家投行,而是直接通过大数据的分析和人工智能系统生成研报转而卖给投行或者是买方客户,将原来高大上的投行研报通过科技手段"平民化"。例如,备受投资人关注的 Sentieo 就使用人工智能技术扫描目标企业的所有财务信息,根据上市条

---

① https://financialpost.com/news/fp-street/rbcs-push-into-ai-uncovers-chipotles-worst-queso-scenario.

例递交给美国证监会的各类财报的内容、季报电话会议记录内容、新闻发布内容、社交网络的舆情内容等各种结构化和非结构化的数据并且结合实时股价生成研究报告。至于定价，根据目前 Sentieo 披露的信息，每月收费仅有 500 到 1000 美元，远远低于彭博终端的 2.1 万美元的年费！目前 Sentieo 已经拥有 700 多家各种机构客户。[①]

即使在 2020 年新冠肺炎疫情期间，投资人仍然对类似的新型研报机构颇感兴趣。另一家以人工智能驱动研报的第三方机构 Aiera 在二月宣布获得 700 万美元的风险投资，参与投资的包括麦格里、花旗银行和富兰克林邓普顿这些著名的买方和卖方金融机构。Aiera 的名称就来自"人工智能股票分析师"的缩写[②]。Aiera 的深度学习系统通过扫描吸收数十万分公开的文件、新闻、证监会报表、视频和公开的电话会议记录等生成投资推荐和对目标企业未来发展的洞察力。对于股票市场上的买方投资人来说，这样的研报和推荐节省了大量的时间，同时符合 MiFID 的监管要求，更加高效和中立；对于华尔街来说，订购这样的第三方研报比拥有强大的研究员团队更加经济，基于公开信息的研报已经不能再为投行提供差异化竞争的优势。

研报商业模式的数字化进程和第三方机构的发展会迅速取代很多初级研究员的工作。收集、阅读、分析、总结、制作 Excel 和 PPT 图表等这些工作流程重复性高且格式类同，人工智能驱动的系统能够更快更及时地完成这些工作；然而与此同时，当这样的以人工智能驱动的研报系统日益普遍，类似的算法和公开的数据得出的结论也会基本相似，从而使研报更加趋于同质化。对于传统意义上的投行研报业务未来很可能更加分化，一方面大型投行会更加强调规模效应和宏观分析从而将人工智能的机器类研报作为标准化功能的一部分；另一方面中小型投行会关注区域性经济和行业

[①]　https：//techcrunch. com/2018/10/30/sentieo/.

[②]　Artificial Intelligent Equity Research Analyst.

板块利用本土化或者专业化优势挖掘具有独特视角的内容；研报的研究员会更快地利用数字化技术包括大数据和人工智能分析目标企业的产品功能、发展战略和企业文化这些需要思考和判断的内容，这也是华尔街数字化转型日益成熟的标志。

唯变不变，精益实践
聚焦后疫情时代的金融数字化转型

（代后记）

    本书创作开始于 2019 年 9 月 1 日，经过近一年梳理思路，资料阅读整理，案例汇编分析，写作和修改，完稿于 2020 年 7 月 31 日。在此期间，新冠肺炎疫情爆发，给全球所有国家和地区的经济活动带来巨大冲击，《金融时报》评论这是自"二战"以来全球面临最严重的危机。根据国际货币基金组织 IMF 在今年 6 月底发布的《世界经济展望》，新冠肺炎疫情对全球经济活动造成的负面影响比预期更为严重，国际货币基金组织 IMF 预测包括美国和大多数发达经济体的 GDP 将在 2020 年衰退 8%，新兴市场的 GDP 总额也将衰退 3%，唯有中国能够在 2020 年取得 1% 的经济增长。

    新冠肺炎疫情的冲击波不但加速数字化经济的发展进程，同时也不断放大传统行业面临的挑战。波音、美孚石油、通用电气等老牌制造业企业的传统商业模式面临危机，股价在疫情的冲击下更是直线下滑；8 月 24 日标普公司更是毫不留情地将美孚石油踢出道琼斯工业指数，终结了美孚石油自从 1928 年以来就是道琼斯工业指数成分股的地位，取代它的是 Salesforce，一家著名的美国云计算软件公司①。根据美国纳斯达克交易所在 8 月 20 日的统计，数字经济的代表企业苹果、亚马逊、谷歌、微软等科技巨

---

① https：//www. cnbc. com/2020/08/25/exxon – mobil – replaced – by – a – software – stock – after – 92 – years – in – the – dow – is – a – sign – of – the – times. html

头市值均已超过 1 万亿美元，苹果公司的市值更是达到 2 万亿美元[1]，这四家企业的市值总和比整个日本股票市场还要大，数字化经济的未来已来！

新冠肺炎疫情导致的社交距离和在家办公不仅重塑职场生态，云计算和大数据这些数字化经济的重要技术也在企业运营中更加关键，大量传统金融企业在疫情期间能够迅速恢复也是得益于强大的共享数据中心。这样的城市大型互联网数据中心是数字化经济的关键基础设施，随着数据中心建设纳入我国"新型基础设施"，我国数据中心的运力不断扩充。以上海为例，截止到今年上半年，上海拥有的互联网数据中心总运力达到 301 兆瓦[2]，已经超过美国大纽约地区的数据中心运力总量[3]！而且这样的数据中心建设并没有因为新冠肺炎疫情受到影响，根据《第一财经》9 月 5 日的报道，今年上海还会新增 3.6 万个机架，互联网数据中心的机架总规模届时将达到 16 万个[4]。不过，和美国相比，我国的数据运营成本仍然偏高；以 250 千瓦以下的零售型数据中心为例，上海数据中心的平均定价为192 – 260 美元/千瓦/月，而在大纽约地区这样的数据中心平均定价只有 120 美元/千瓦/月[5]。

在新冠肺炎疫情期间，远程办公带来的另一个显著特点是企业级工作系统经历了由繁入简的"平民化和扁平化"过程。访问企业内部应用更多通过 VPN 和浏览器完成，而不是专门的硬件设施或者传统意义上的大型灾难恢复中心；大量在线交流协作平台也应运而生，但这些专业的企业社交平台也大多拥有日常社交应用的通用功能；企业内部的 IT 架构和云计算平

---

[1]　https：//www. nasdaq. com/articles/apple – aapl – creates – history – by – hitting – %242 – trillion – market – cap – 2020 – 08 – 20

[2]　世邦魏理仕 – 2020 年上半年亚太区数据中心趋势报告

[3]　因为美国数据中心运力比较分散，近年来迅速增加的运力主要集中在维吉尼亚州北部一带，而不是大纽约地区

[4]　上海的互联网数据中心"一柜难求" https：//www. yicai. com/news/100761545. html

[5]　世邦魏理仕 – North America Data Center Report H1 – 2020

台的系统整合更加灵活安全，远程办公很有可能在后疫情时代继续成为数字化经济的一种主要办公方式。对于金融企业来说，远程办公带来的网络安全风险可能需要一个强化防范和措施绷紧的过程，一方面继续加强用户登录和系统访问的管理和监控；另一方面也需要优化疫情期间采取的临时性安全措施，实现远程办公的网络安全管理常态化和规模化。

在新冠肺炎疫情防控和复工复产中大显身手的人工智能技术也将进一步成为传统金融企业数字化应用的重要抓手。根据 IDC 咨询在 8 月底的报告，到 2024 年全球人工智能系统的投入将达到 1100 亿美元，其中传统银行的投入总额将达到 145 亿美元，主要应用场景的方向包括反欺诈，风险控制和背景调查等领域①。不过，金融行业的数字化转型不能只是依靠技术层面的推动，当人工智能赋能新型人机关系的同时，传统金融企业的内部管理模型、绩效考核目标、商业价值创造和实现的方式都将面临挑战。新冠肺炎疫情期间涌现了大量基于人工智能和快速迭代的精简流程和最佳实践，对于企业的管理层来说，如何将这些最佳实践升华到企业管理机制层面从而打造数字化转型的企业文化将是后疫情时代的重要任务。

后疫情时代金融数字化转型将是一个动态多变的过程。本书中提到的全球最大公募基金先锋领航（Vanguard）在 8 月底宣布将亚洲总部迁往上海，并将关闭在日本的业务，将其在亚洲的主要办事处一起迁往上海。自从 2019 年 6 月先锋领航与蚂蚁集团合资成立先锋领航投顾（上海）投资咨询有限公司，为中国个人投资者提供基金投顾业务服务以来，在短短一年的时间内"帮你投"产品已经积累了超过 20 万用户，甚至直接关系到亚洲地区总部的地理位置，凸显数字化经济价值在跨国企业战略考量中的地位。在数字经济时代，唯变不变，传统金融企业面对动态多变的市场，需要努力把握各种数字化转型项目的时机和及时性；主动自我更新，自我

---

① https：//www.idc.com/getdoc.jsp？containerId＝prUS46794720

颠覆的先发优势固然重要却带来早期投入的风险，观望分析避免弯路的后发优势能够降低风险却可能失去市场先机，企业管理层需要构建数字化转型管理框架，根据自身情况作出科学合理的决策。本书中不断强调金融数字化转型不是传统意义上的技术系统更新，也不是对现有流程和商业模式的简单数字化改造应用。数字化转型的真正意义在于重新想象，重新塑造符合市场发展并具有前瞻性的新型商业流程和模式，从而形成指数级的效率提升和价值实现，这是一个精益实践的过程。

今年 4 月 1 日开始，外资金融机构已经逐渐成立外商独资企业，持牌在中国金融市场中竞争。我国的金融企业急需在错综复杂多变的市场中梳理数字化转型的思路，制定符合自身发展的战略，建设科学合理的管理机制，在躬行实践中探索求胜之道。面对外资和国际大型银行的挑战更需要夯实金融科技人才储备，建设具有国际化视野，扎实科技实践能力并且能够跨境交流合作的多层次人才梯队，在面对国际化竞争时能够做到知己知彼，游刃有余。为了能够原汁原味地解释金融数字化的一些专业术语和管理概念，作为同行，我也准备了本书的英文概念和笔记，如果读者喜欢，可以电邮联系我，我会免费分享这些英文内容。

写作是一件苦中作乐的事情，尤其是利用工作间隙的夜间和周末，因此时间有限，课题资料涉及面广泛，一定会存在不足和瑕疵，还希望广大读者积极反馈。最后，希望大家喜欢《超越颠覆——金融数字化转型战略和管理》，对本书的任何意见和建议请直接发至邮箱 larryliwork @ hot-mail. com

李曦寰
2020 年 11 月写于上海